「顔つきとことば」の仕掛けとワザをみがく

教師の実践する力をきたえる

前田勝洋 著

黎明書房

プロローグ

「教師よ，教師，そして教師よ」
―「顔つきとことば」で演じる教師へ―

　なぜ，今「教師の顔つきとことば」を問題にするのでしょうか。私は，「教師の信念や情熱を表出する武器は『顔つきとことば』だ！」とずっとずっと思ってきました。教師の実践する力を実質的に支えるものであると思い続けてきました。

　私は，教師としてはかなりの劣等感を持つほどの不器用で軟弱な人間であったと思うのです。そんな人間がいきなり荒海に投げ出されたとき，どうやって溺死せずに泳ぎきるか，それは大きなハードルでした。体重50kgに満たない，それでいて貧相な顔立ちの私。もうどうにも様(さま)にならない教師の日々。ただ声の大きさと元気さはどうにかこうにか。

　あるとき，小さな町の小劇場へ。そこで観た役者の演技に私はハッとするものを感じたのです。「あの役者は決して見栄えのしない人間だ。でもなんだか卑屈になっていない。あの晴れ晴れとした演技はなんだ！あのみんなの目と心と耳をひきつける迫力はなんだ！」私は，自分がプロの教師でありながら，何も変わろうとしていない，何も演じていない自分に気づかされたのです。「自分の顔つきとことばを変える！」は，それからの私の生涯を通しての課題になったのです。

　今の学校は，人間関係の難しさが，様々な姿で現れています。子ど

もとのかかわり，授業，学級経営，保護者，地域とのかかわり。それらは，様々なトラブルや事件となって，教育現場にのしかかっています。それらの事態は，誰も切り開いてくれません。教師である「あなたが切り開く」しかないのです。甘えは許されないどころか，ますます泥沼にはまり込むばかりです。

　この小冊子は，そんなあなたの武器をみがくべく，私の経験則から引き出された事実を踏まえて書き記しました。もちろん，「教師の顔つきとことば」だけを表面的に技術的に記しただけではなく，その足元をしっかり支える識見や技量にも触れました。あなたの旺盛な教師への道をみがく一助になれば幸いです。

　最後になりましたが，本書を発刊するにあたっては，黎明書房社長武馬久仁裕様には，多くの示唆を与えていただきました。ありがとうございました。

　　平成21年　早春

　　　　　　　　　　　　　　　　　　　　　　前田勝洋

目　次

プロローグ
　「教師よ，教師，そして教師よ」
　　―「顔つきとことば」で演じる教師へ―　1

Ⅰ　もうひとつの「プロローグ」

1　教師の「顔」は替えられないが，「顔つき」は変えられる　8
2　悪戦苦闘こそ，教師の仕事の本分であると思いたい　11
3　「願い」だけでは実現しない，「仕掛けて」こそ実践になる　14
4　教室の中は，「あじさいの花畑」と思いたい　17
5　教師は「うなずき上手」でありたい　20
6　毅然として，「軸をぶらさない」経営を　23
7　我流では，学校経営は倒産する　26
8　「あいさつ」こそ，教師のパフォーマンスと思いたい　29
9　時間管理を徹底する　32
10　トラブルは大きな学びの試練だ　35
11　親を味方にしてこそ，「子育て」につながる　38

Ⅱ　教師のことばと顔つきを生かす

1　なるほど，そうか，すごいなあ　42
2　どうしたいか，どうしなければいけないか　45

3 さあ，見つけよう，いくつ見つけたかな 48
4 一番見つけたこと，一番つたえたいこと，一番考えたこと 51
5 だから……それで……たとえば……自分と比べて 54
6 反応しよう，続けてみて，みんなどうかな 57
7 授業というバスに乗ろう！ 60
8 ここが一番がんばりどころだよ！ 負けるな 63
9 新しく考えたことなら，なおいいよ 66
10 迷ったら，手を挙げるんだったよねえ 69
11 ほんとうにそう思うか？ 本気になって考えたことか？ 72
12 ことば遣いのワザをみがくために 75

Ⅲ 授業に生きる「小さな一歩」を学ぶ

1 学力観のとらえ方をもう一度考えてみよう 80
2 授業の中における学習形態を，「練習学習」「活動学習」「みがき合い学習」の三つに分けて考える 83
3 つまずいても，立ち上がるチャンスのある「授業構成」を心がけたい 86
4 発言のルールを教えよう 88
5 「私の願い」のある授業をしよう 90
6 「すごいこと見つけ」は，子どもの学習力を高める 93
7 子どもの発言を復唱しない，大きくうなずき，受け入れる 96
8 授業の核心に迫ったとき，じっくりと「立ち止まって」考える時間をとりたい 98
9 授業は，教師の予想もしない方向に動いて当たり前と思いたい 101
10 待つことの大切さを精進しよう 103
11 授業での「学び合い」は，呼吸法を体得することである 106

目 次

Ⅳ　やる気と自覚に満ちた「学級づくり」の一歩

- ① 信じることから，すべては始まる　110
- ② 内観まがいの手法を会得しよう　113
- ③ 「級訓を変える」という発想を持とう　116
- ④ 学級には「ルールが必要だ」の自覚を考えさせよう　119
- ⑤ 「みがくこと」の大切さを洗脳しよう　122
- ⑥ 「頭ごなし」は，信頼関係を壊すだけ　125

Ⅴ　今こそ立ち上がり，動き出すこと

- ① 教育実践は「教師主導」です！　130
- ② 「学びの共同体」づくりをめざせ！　137
- ③ 温かく厳しい教師になれ！　143
- ④ 子どもたちのやる気と自覚を高めよ！　150

そして，エピローグ
　　共に歩こう　この道を　155

I
もうひとつの「プロローグ」

「学校は、たのしいところであらねばならぬが、歯をくいしばって、涙をこらえてがんばるところでもある。」
　このことばは、私自身の教師人生の「ゆるがせにしたくない信念」として、私自身の実践を支え続けてくれました。

　若い頃「失敗は怖い。だから失敗したくない！」と臆病と虚勢の狭間で実践している私に「肩に力が入っていて、ぎこちないなあ」と先輩の一喝がありました。「失敗はたくさんしたほうがいいんだよ。たくさん失敗してこそ、人にやさしくなれるんだ。ただし、失敗した時点で頓挫すると、失敗はただの失敗に終わる。成功するまでやりきれば、失敗の種は大きな実りにつながる」と。

　そんなことから、私の教師としての座右の銘は「悪戦苦闘」になりました。悪戦苦闘をいっぱいして、喜怒哀楽で汗まみれ、泥まみれになりながら、歩いた教師人生でした。

教師の「顔」は替えられないが，「顔つき」は変えられる

　教師の顔つきは，「指導者」としての大事な武器ですね。喜怒哀楽を「演じる」教師になりましょう。感情的な自己表現ではありません。プロ教師としての「演じ方」です。

I　もうひとつの「プロローグ」

1　顔と顔つき

　いきなり顔の話になって、不思議な気持ちになっている方もいらっしゃるでしょうね。

　若い頃、私は、自分の貧相な顔が、嫌で嫌で仕方ありませんでした。痩せこけていて、あごが三角形のように尖っていて、「先生」と呼ばれるには、威厳がないなと、ほんとうに自分でもつらい思いをしていました。

　できれば、ハンサムな顔立ちがいいな、そうでなければ、男らしい泰然自若とした顔立ちになりたかったなあとずっと思っていました。たれ目で、どこかにやけているような自分の顔にホトホト愛想がつきていました。

　そんなとき、ある先輩教師が、「前田先生、目つき、顔つきというように、顔に生気が漂っている顔つきに出会うと、なんだか子どもたちからも信頼されて、子どもたちがその教師を尊敬するようになるね」と話してくれたのです。

　私は、「顔つき」ということばにハッとしました。顔立ちではなくて、「顔つき」ということです。ふだんありふれて聴いていることばですが、普段から顔に劣等感を持っている私には、とっても新鮮に思えたのです。

2　喜怒哀楽を演じてこそ教師

　顔つきということでは、ややわかりにくいですが、喜怒哀楽をしっかり表す教師という表現になれば、かなり具体的にわかります。

　私は長い間、いやあまり長くもないですが、学生時代から含めて、ずっと「教師は喜怒哀楽をあまり露わにしてはいけない」と思ってき

ました。それは，子どもたちが，その教師の，喜怒哀楽という顔つきをうかがって，行動するようになることへの罪深さのようなものでしょうか。子どもたちが，教師の顔色をうかがってオドオドした振る舞いをすることが目に浮かんだのです。

　私の思い出の中には，顔つきで思い起こす時，小中学校の教師のヒステリックな表情です。「何でそんなこともわからんか！」「これだけ言っているのに，なぜやらないのだ！」と激怒している顔，顔を思い出すのです。

　確かに，傲慢な教師のヒステリックさは，勘弁願いたいものです。そうではなくて，その教師が「人を人間として育てること」に真摯に立ち向かっていく中で，「いけないことはいけない」と叱り，「うれしいことは，一緒になって喜び」「悲しいことには，心を共有してくれる」教師としての存在こそ，誠実な人間としての「先輩」の営みだなと思えてきました。

　そういう点で，子どもたちが，「教師の顔色を見て，いけないことをしているかどうか」判断することも，大事な教育の目的だと思えます。

　真剣になって怒る，本気になって楽しむ，一緒になって喜ぶ，……そういう教師としての「色をしっかり演じる」ことのできる存在感のある教師になりたいものですね。

Ⅰ　もうひとつの「プロローグ」

悪戦苦闘こそ，
教師の仕事の本分であると思いたい

　教師としての仕事をしていると，［ああ，きょうも無事に終えられたか］という安堵感を快しとしている自分に気づきます。でも，ほんとうは，「いろんなことが起きるところが，学校であり，教室」です。そんなサプライズがあって，子どもはやさしくたくましく育つのです。

1　無事がいいのか

　教師として勤務していると、「ああ、今日も一日何事もなく、無事に終わったなあ」という安堵感を求めている自分に、出会うことが多々あります。

　最近のように、予測もできないような突発的なアクシデントに出会うニュースなどに接すると、「他の学校のことでよかった」と不謹慎なことさえ思うものです。真面目な教師であればあるほど、それが本心です。

　しかしながら、毎日毎日平穏な日々は訪れません。突然不測の事態に出会うと、あたふたすることもしばしば。そんなに大きな事件や事故ではなくとも、学級の中で起きる様々な出来事は、担任教師を悩ませ、心をいらだたせます。

　そんなとき、教師である自分は、「果たして自分は教師としての力量がないのか」「教師の仕事に向いていないのでは……」と落ち込んだり、投げやりになったりと落ち着きません。

　私はそんな教師に、慰めのようなことばですが、「先生方、子どもは生きていますから、いろいろトラブルもあります。ロボットではないから制御の利かないこともあります」と言っています。無事に終えられることが教育の役目ではないとも言っています。「無事に日々が終えられていると、豪語している教師こそ危ない。そんな教師は、子どもを圧殺しているに違いない」とまで言います。

2　悪戦苦闘こそ「教育での本道」

　私たちの心の中には、「一生懸命やっていけば、かならず（子ども理解をしっかりできて、）物事をスムーズに運ぶことができる」とい

I　もうひとつの「プロローグ」

う思いがあるのではないでしょうか。果たしてそうでしょうか。

　子どもも生き物です。一人ひとり意思や願いを持っています。悩みや苦しみも違います。哀しみで心を重くしている子どももいます。仲間関係で苦しんでいる子どももいます。

　教室は、「人が人間としての成長をしていく修練の場」です。「育つ」ということは、順調に階段を上がることとは違います。多くの泣き笑いがあるのが「ふつうの教室」であると思ってください。「人は哀しみが多いほど、人にはやさしくなれる」という歌もあります。喧嘩して、いじめに遭って、たくましくなっていくことも多いのです。喧嘩していじめに遭って、やさしくなることもあります。

　そうなんですね。人間は、様々な事態に遭遇して、そこで「学習する」のです。担任教師は、むしろ悪戦苦闘は、「人が人間になるために大事な機会だ」と考えて、教師である自分が落ち込まないでくださいね。絡まった糸のような悪戦苦闘の中での仕事こそ、教師の仕事だと思ってください。

「願い」だけでは実現しない，「仕掛けて」こそ実践になる

　子どもに「こうなってほしい」という願いだけを持つのならば，別に教師でなくてもできることです。「その子をやる気にさせる」「その子の自覚を育てる」仕掛けは，そんなにたやすいものではありません。たくさんの失敗を恐れずに仕掛けていきましょう。

Ⅰ　もうひとつの「プロローグ」

1　できない子どもにやさしくなれない

　Ｉ先生は，教師一年生です。「子どもが好きで好きで……だから教師になった今はせいいっぱい子どものために」とスタートした４月でした。
　しかし，悲しいかな，Ｉ先生は「願い」は熱くても，その願いを実現する仕掛け（ワザ）にきわめて乏しかったのですね。
　ある日の縦割り活動のとき，Ｉ先生の担任しているＳ君が仲間の輪に入れなくてすねていました。手を引っ張って，押し込んでも仲間から離れていくばかりのＳ君にＩ先生はお手上げでした。そのとき，Ｋ先生が，「私が代わろうか」と言ってＳ君の面倒を見てくれました。Ｋ先生は，Ｓ君を膝に抱っこしてじゃんけんを始めました。そんなやりとりにＳ君の表情も和んでいきます。Ｉ先生はそれを少し離れたところから見ていました。「私には心を固まらせているＳ君が，Ｋ先生とじゃれあっている」ことは，悔しさを通り越して驚きでした。Ｋ先生は話してくれました。「私たち教師は，できない子，やれない子にやさしいだろうか。ほんとうはその子のために，自分が，何ができるかこそ大事なのに……」と。Ｉ先生は，自分が，Ｓ君を思うように動かないばかりに叱ってばかりで，ろくに何も手を打たないままに過ごしてきたことを反省するのでした。

2　仕掛け（ワザ）を学ぶ

　Ｋ先生は続けます。「私たち教師は，教師になった途端，子どもの姿が見えなくなることがあるんだよ」「教師には，あるべき願う子どもの姿が先立ち，今目の前の子どもに寄り添うことを忘れているのだよ」と。Ｉ先生には，そんなＫ先生のことばに思い当たることが数々ありました。ただやれないからやりなさいでは，子どもの心に届かな

いのですね。そんな当たり前とも思える考え方さえ忘れている，見えなくなっているⅠ先生でした。
　「仕掛けを学ぶ」ために，Ⅰ先生は，もっともっと先輩教師のすごい仕掛けを学ぶことを思い立ったのです。授業の空いているときは，他学級の授業を参観させてもらいました。悩みを具体的に勇気を持って先輩に話しました。「こんなことを話したら，笑われるのはないか」はまったく危惧でした。先輩教師は，Ⅰ先生の求めに応じて「仕掛けの引き出しを開けて」話してくれたのです。

　学校現場から，職場の仲間が，実践の仕掛けや実践のあり方を語ることが少なくなっていると実感しています。若い教師は，熱き願いを実現するだけの仕掛けの引き出しを持ち合わせていません。ベテランは，引き出しはあってもマンネリ化した固定観念が硬直した実践となり，互いに苦しんでいます。
　私たちはもっともっと互いの熱き思いを語りながら，仕掛けの引き出しをオープンにして，実践を豊かなものにしていきたいものです。そんなに高遠な仕掛けではなくても，ちょっとした仕掛けが，子どもをやる気にさせていきます。

I　もうひとつの「プロローグ」

教室の中は，「あじさいの花畑」と思いたい

　あじさいの一つひとつの花は，ほんとうはとても小さい。それが寄り集まって美しい花となります。よく見ると一つひとつの小さな花は，微妙に異なる色をしています。それでいて全体としてなんとも言われぬ美しい花です。そんな子どもたちのいる教室づくりをしたいと思います。

1　子どもが切れる，教師が切れる

　教師は，子どもたちを担任すると「こんな人間に育てていきたい」「こんな教室，学級をつくりたい」と燃え立ちます。それは教師の情熱であり，願いを持つことは，ほんとうに大切なことです。

　しかし，そのことが時として，「教室の子どもたちを一色に染め上げよう」としていないでしょうか。性急な仕掛けをして，子どもたちを追い込みすぎることはないでしょうか。

　子どもたちも最近は，少子化の影響もあって，大事に大事に育てられてきています。大事に育てることは必要なことですが，それが「子育ての甘さ」になっていることはないでしょうか。子どもがわがままになってきています。「自己チュウ」とも思える子どもが，跋扈しています。そんな彼らを一色に染め上げるような仕掛けは，鋳型にはめ込むような窮屈感を子どもたちに与え，「切れる」のです。教師も思うようにならない子どもに焦りいらだちます。

　子どもが切れることと，教師が切れることがぶつかりあったら，悲惨な現実になります。「子どもは思うようにならない存在だ」と言った人がいます。名言だと思います。私は教師たちに言いたいです。「先生方，はやる気持ちを抑えてください。焦る気持ちを逃がしてください。いらだつ気持ちを放り投げてください」と。

2　あじさいの花

　私は学級の級訓として「あじさい」を掲げてきたことが何回かあります。その意味づけは，まさに「多様な色合い」「小さな力の寄り集まり」「雨や蒸し暑さの中でも健気に咲く」ことを，子どもたちに語りかけ，子どもたちにあじさいの花のような生き方をしてほしいと思ってのことです。

それは同時に，教師である私自身の気持ちの持ち方への自戒でもあります。「いろんな色合いがあっていいのだ」「一人ひとりの持ち味が生きる学級づくりをしてこそ，人間らしい人間が育つ」「教師の懐を深く広くして，子どもの色合いを見守る教師に徹する」などの心構えを持って学級担任をするのです。

　もっとも「あじさいの花」という限定的なことを言わないで，雑草のような子ども，可憐なバラの花のような子どもがいるはず，多種多様な花畑を耕すようにしてこそ，学級担任としての素養だという意見もあるでしょう。
　それは理想だと思います。私は残念ながら，そんな出来物の教師の素養を持ち合わせていません。せめて一色の花を育てる狭い了見ではいけないなと思うことが精一杯です。それに雑草や多種多様な花を混在させているようでは，花畑を手入れしているとはいえません。放置しているようにさえ，私にはとらえられてしまいます。
　さあ，私は花畑にどんな花を咲かせるか，「はやらず，あせらず，いらだたず」を肝に銘じて歩きたいものだと，心に誓っている次第です。

教師は「うなずき上手」でありたい

> 　教師が授業をするときに，一番の重要な要件は，子どもの意見を「うなずいて聴く」ことです。「聴く」という字は，耳だけで聴くのではないことを教えてくれます。目と心と耳とで聴くのです。その一番の要が「うなずくこと」を怠らない教師を演じられるか，です。

I　もうひとつの「プロローグ」

1　うなずいて，うなずいて，さらに「うなずく」

　教師の資質として重要なことは，子どもの顔つきをしっかり見届けながら，話に耳を傾けることができることです。

　K先生は，中学校に初めて赴任したとき，なんだか子どもの顔をまともに見られない自分でした。自分もまだまだ若いこともあって，子どもの顔を真正面から見ることに照れがあったのですね。「まじまじと見る」ことでは，どうも不謹慎な気持ちにもなります。そうかと言って，顔を見ないで話を聴くことは，その子の意見をしっかり受け入れたことになりません。そんなとき，先輩教師から「聴く」という字のつくりを教えてもらいました。「聴くという字は，目と耳と，そして何よりも心でその子どもの意見に耳を傾けることだよ。君はそれができていない」と。K先生は，ずばり核心に踏み込まれた気分でした。今のままでは，子どもたちを本真剣になって，高みに引き上げることはできないと指摘されたのです。「そのためには，うなずくことのできる教師になることだ」の指摘は，その後のK先生の大きな課題にもなりましたし，それを実行しようと意識して取り組むようになってからは，子どもたちの真剣な学びの姿勢が強まったように思ったのです。

　「私は，もっともっとうなずくことに精進しないといけない」そう心に誓ったのです。「なるほど」「そうか……なるほどねえ」「うんうん，すごいねえ」「ああ，そういう考えもねえ，なるほど」「そうか，それでみんなどうなのか」うなずいて，うなずいて……さらにうなずいて。そんなK先生の姿勢は，子どもたちに大きな信頼を与えました。

2　「演じること」から自然体の営為に

　K先生は，いつの間にか40代になりました。今は小学校に勤務しています。照れて演じきれない自分に腹を立てたこともありました。でも今は違います。すごく自分でも「うなずくこと」が，自分らしさになっている自分に気づくのです。決して大げさな表現ではありません。首をこっくりしながら，その子や話を聴いている子どもの表情を追って，うなずき働きかけることが自分の武器になっていることを実感するのです。自然にそうなっている自分です。

　子どもたちの中には，発言することに大きな不安を持っている場合が多々あります。声の小さな子，最後のほうになると自信がないのか，消え入るような声になる子，ノートを見たり下を向いたりして発言する子。みんなみんな勇気を持って発言することのハードルの高さに戸惑いながらの学びです。

　K先生は思います。「私は，子どもたちの力になってやりたい」「子どもたちが心の中で揺れ動いている戸惑いを少しでもやわらげてやるような存在になりたい」K先生は，うなずいては，その子の考えを他の子どもたちにも広げるべく，増幅器の役割をしたいものだと思っているのです。安心して子どもたちが，自分の考えを表出できることを支えていくこと，そのことが大きな教師の仕事だと思うのです。

I　もうひとつの「プロローグ」

毅然として，「軸をぶらさない」経営を

　今や学校バッシング，教師いじめは，常態化しつつあります。そんな中で，「毅然として実践する」ことの難しさを強く思います。しかし，決して逃げてはいけません。相手の立場を理解すること，自分も立ち止まって反省することも大事ですが，不安症になって，落ち込んではなりません。

1　教師は，サービス業だろうか

　今や，教育という仕事が，サービス業であるような認識が流布しています。でもほんとうにサービス業であっていいのでしょうか。学級経営は，子どもにとって居心地のよさだけを追い求めて経営することなんでしょうか。私はそうは思いません。教師の仕事は，「ヒト科の動物が，人間になる」時と場を演出することであると思うのです。そのことを抜きにしては，学校教育の存在価値はありません。

　モンスターペアレントなる類の無頼な輩がいます。「なんでうちの子だけに厳しいのですか！」「先生，先生のやり方は，エコひいきのやり方ですよ！　みんな平等に扱ってくださいよ！」「うちの子には，『いただきます』を強制しないでください」などと，あれこれ注文がわんさか押し寄せてくる昨今の学校現場です。マスコミや一部の政治家が「教育はサービスを基本にすべきだ」とのたまうものだから，現場は悲鳴をあげています。

　私ははっきり言って，教育がサービスになったら，その国は悲惨な結末を迎えると思います。迎合主義の教育経営が横行したら，その国の行く末は，惨憺たる結果になるように思います。

2　信じて「賭ける」こと

　私は「軸をぶらさない」と言いました。これは，決して頑固な教師になれと言っているのではありません。意地を張って仕事をしろと求めているのでもありません。それどころか，子どもの言動や親の言動には，柔軟に対応してほしいと思います。

　ただし，条件がつきます。それは，日々の教師としての精進をして，これからの人間教育に何を求めるか，それを希求することを基本にすえながら，子どもを信じて，「子どもに賭ける」のです。最近の学力

I　もうひとつの「プロローグ」

論は結果主義のような面があります。でも教育のスパンは，もっともっと先を見越しながら，子どもの人間性を鍛え育むことが肝要です。そのためには，今は嫌いなこと，逃げ出したいことにも，子どもを立ち向かわせていくことも大事な教師の使命です。子どもの好きなことを伸ばすという個性尊重を標榜する人たちからは，そんな嫌いなことをしても子どもは嫌がるだけだし，必要ないことだと言われそうです。害あって益なしと。果たしてそうでしょうか。

今や「わがままさ」とか「自覚のなさ」が，大きな社会問題になっています。向こう三軒両隣で暮らす市民を育てるには，あまりに自己中心的な生き方が横行しています。言った者勝ち，やった者勝ちの世の中は，みじめです。

私たち教師は，社会人としての生き方を学ぶことに研鑽しながら，自分の学級経営，自分の授業の在り方に「軸をぶらさない信念」を育てていきたいものです。そして，「この子を育てることに明日の人間を育てる強い気概」を持ちたいものだと思うのです。そのことを信じて賭ける教師を演じたいものです。

我流では，学校経営は倒産する

　今や学校経営も倒産する時代になりました。教師という仕事は，一旦教師に採用された時点で一人前の教師のような錯覚があります。見よう見まねで授業をして，学級を経営します。新任研修なるものもありますが，それは型どおりの研修です。その学校の経営が健全な経営をしているか，不健全であるかは，「教師たちがバラバラで我流の教育実践が横行」していることが目安になります。

I　もうひとつの「プロローグ」

1　我流から「経営体」への学校へ

「中一ギャップ」ということばをご存じでしょうか。これは，小学校ではそれなりに真剣にがんばっていた子どもが，中学校へ進学した途端，不登校になったり，荒れたりすることです。小学校教育と中学校教育の落差に戸惑い，自己制御できない子どもが，引きこもりや非行に走るのです。小学校教育と中学校教育に大きなギャップがあるというのです。

実はこのことは，同じ小学校の中にも，中学校の中にも起こりうることなのです。担任によって授業の仕方や学級経営の仕方に大きな差異がありすぎることです。今の子どもたちは，耐性が低いと言われます。がまんすること，耐えることをひどく嫌うのです。それでもやらなくてはならないことは，たくさんあります。ただきわめて初歩的な学習規律や授業方法に，あまりに教師によって差異があったり，力量の差があったりすることは，好ましいことではありません。

職員会議で授業の方法や学習規律，学級経営の方法について吟味する学校は，教育実践が「我流」から脱却して，「経営体」になっているということです。そんな学校，そんな教師が今や求められています。

2　画一教育ではない

「我流から経営体へ」というと，「それは教師の持ち味や個性を潰していくことになるのではないか。画一教育の強制ではないか」と反問する人もいることでしょうね。私は，その危険性を十分意識しながらも，その学校のそれぞれの教室で行われている実践が，一人ひとりの教師任せになっているのではないかと憂うのです。

確かに「学校経営案」には，その年度の教育方針の概要が述べられています。しかし，それはあくまで「概要」ですし，建前論です。そ

れはそれであって，事務机の奥深くで経営案は，眠っていることはいないでしょうか。校長も教頭も，そんなことをあまり詮索することなく，お任せ主義の旧態依然たる経営実態を見るにつけて，私などは，背筋の寒くなる思いを持つのです。

　私は，「授業は学校の営業だ」と長い間言ってきました。現役の頃もそれを私（校長）の看板にして……ひたすら「教室こそ営業場所だ」と教室訪問をして授業参加をしてきました。校長である私が教室訪問をしていくことは，煙たい存在になることではなくて，大きな味方を得て実践が進化していくことにつながる……そういう実感を持ってほしいと念じてやってきました。
　職員会議が，実践を語り，教師の日々の仕事に還元される大事な力量向上の場，その学校の経営体の状況を語る場にしてきたのです。小学校1年生から6年生まで，中学校1年生から3年生までのそれぞれの学校での授業や学年経営，学級経営を語ることを抜きにして職員会議の開催意義はないと思ってきました。
　画一教育の心配をすることは，むしろ喜ぶべき経営体になりつつあると思うのです。そんな中でこそ，一人ひとりの教師の持ち味や個性も発揮されるのだと確信しています。

Ⅰ　もうひとつの「プロローグ」

「あいさつ」こそ，教師のパフォーマンスと思いたい

　学校の中に，あいさつの飛び交う風景を大事にしたいなと思います。そのためには，教師が「あいさつ」の先導者になりましょう。教師はとかく子どもにはあいさつを強要しますが，自らあいさつを励行している人が少ないように思えます。平凡なことですが日常化したあいさつのあふれる学校は，それだけで人間教育が十分なされていると判断できます。

1 見えてくるもの

　学校行脚をしていると，真っ先に感じることは，その学校の子どもたちの「あいさつ」の状態です。私はよくその学校の掃除の時間帯にお邪魔することがあります。そんなとき，ごく自然にあいさつをする子どもたちのいる学校は，それだけで「人間教育」がなされているなと思ってしまいます。屈託のない表情，笑みさえ浮かべた人懐っこさ。そんな子どもたちに出会うとうれしくなります。

　もっとも最近は不審者問題で，「知らない人になれなれしくしない」という不幸な指導をしないといけない状況もあって，先生の指導も複雑なものがあることでしょう。それでも校長室から，教室までの道すがら，出会う子どもたちが元気よくあいさつをしている学校は間違いなく，いい授業に出会える予感がします。それに対して，私を案内する先導の校長先生や教頭先生が，わざわざ子どもたちに「こんにちは」と強要しているのに，走り去っていく学校もあります。急にあいさつを求められてもふだんの指導がものを言います。

　「たかがあいさつ，されどあいさつ」ですね。その学校の中で何を人間教育の中核にして指導しているかが見えてきます。

2 おじぎをしてあいさつする

　ある学校へいった時，子どもたちがわざわざおじぎをして「こんにちは」と元気よくあいさつをしました。驚きました。そうしたら，その学校の教師たちが，廊下で出会う子どもたちにちゃんとおじぎをしてあいさつをしているではありませんか！「ああ，そうなんだ」と合点がいきました。教師たちがおじぎをしてあいさつをしているのです。子どもたちにも，ちゃんとそれが伝染しているのですね。

　その学校では，授業中プリントを順送りに配布するとき，ちゃんと

「はいどうぞ」「ありがとう」を言っているではありませんか。教室中に「はいどうぞ」「ありがとう」が広がっていました。温かい空気の流れを感じたのです。それは決して難しいことではありません。でも，継続して根気強く指導がなされたからこそ，普段着の授業の中でもきちんと励行されているのです。

　子どもたちが，「おはようございます」というのに対して，教師は「おはよう」というべきか，「おはようございます」というべきか，そんなことが議論になったことがありました。私は「ございます」をつけてくださいと先生方にお願いしたことです。教師と子どもは対等か，師弟関係はどうなっているのか，友だち感覚でいいのか……そんなことも話題になったことがあります。私はそれは議論すべきことではないと思います。人間として，ごく普通にそういう「おはようございます」が言えることこそ，何にも勝る道徳的な実践を涵養することにつながると思っています。

時間管理を徹底する

　人には苦手なことがいくつかあります。その中の一つに時間管理です。教師も時間管理は苦手な人が多いようです。長い夏休みも，はじめの頃の抱負が休みの終わりころになると，かなりルーズになっている自分に気づきます。授業でも同じです。几帳面になれと言っているのではありません。時間にルーズになるなと思うのです。毎日の生活習慣のもっとも端的な表れを見直しましょう。

I　もうひとつの「プロローグ」

1　「けじめある生活」づくりをしよう

　学校は，チャイムが鳴って，すべての動きが生み出されていくと言ってもいいでしょう。それでもそのチャイムが用をなしているかどうかが問題です。チャイムがなっても一向に授業の始まらない教室。チャイムがなっても授業を終えない教室。どちらも時間にルーズといえます。

　そればかりではありません。授業の中での時間の活用の上手な教師は，ベルタイマーを活用しての時間管理をうまく運用しています。「今から5分で，この文章を読んで，『すごいな！』と思うところを三つ以上見つけてくださいね」と指示する教師がいます。子どもたちの中には，取りかかりの遅い子もいますし，早く終えてしまう子もいます。5分経ったところで「もういいですか」と教師が問うと，必ず「まだ，まだ」という声が発せられます。どこの教室にも見られる光景です。そのとき，「それではあと3分延長します」という教師は，時間管理が上手とは言えません。確かに遅くなっている子どもに配慮したともいえます。

　しかし，子どもたちの多くは，その教師が「まだだよ」の声で延長してくれたことを見逃しません。「5分で三つ以上見つけてください」の指示は，とりあえず5分でどれほどの学習活動を行うことができたか，を確認することです。教師に大事なことは，たとえ途中の子どもがいても，「あとはみんなと一緒に考えていきましょう」と授業のテンポを創り出しましょう。子どもたちは，そんな先生の動きを見て，「ああ，この先生は授業の時間をきちんと使って進めていくな」と判断します。当然のように，次からは子どもたちの取りかかりも早くなります。

2　時間を子どもに意識させる

　断っておきますが，子どもたちに「早く早く」とせかすことを促しているのではありません。それどころか，急がせてはならないと思います。矛盾するようなことを言うようですが，決して焦らせてはなりません。しかし，取りかかりが遅かったり，やろうとしないで，ボーッとしている時間をできるだけ意識して，自分で制御できる子どもにしていきたいのです。

　時間管理をうまく行っている教室は，授業のテンポが快適です。リズムアップしてみんなけじめある授業をたのしみます。

　ある中学校のことです。荒れていて，いつも授業中に腑さっているある生徒に，「時間係」をお願いしました。「君にお願いがあるんだ。50分の授業ですが，先生も延長をしたくない。そこで君に40分になったら，『時間になりました』と教えてくれないか」と頼みました。彼は怪訝な顔をしていましたが，それからは40分になると，むっくり起き上がって「時間です」と言い出しました。彼のおかげで，授業は終盤の10分を有効に活用して，深みのある授業の展開や終わり方をすることができるようになりました。時間は教師にも子どもにも，大事な宝物です。

I　もうひとつの「プロローグ」

◆10◆

トラブルは大きな学びの試練だ

　学校は子どもたちの暮らしの舞台です。そこでは様々な子どもがおり，様々なトラブルが発生します。「何も起こらない」ということはありません。教師はトラブルに対して臆病になってはなりません。むしろ，トラブルを前向きにとらえ，「ハードルを越えて人間を育てる試練だ」ととらえましょう。あせらず，いらだたず，落ち着いて対応しましょう。

1　不意打ちのようにやってくる

　トラブルは思わぬときに発生します。よく「教師が多忙なときほど，トラブルが発生しやすい」と言われます。それだけ予測のつかないときに，発生するトラブルに，教師も学校も泣かされます。

　R小学校での出来事です。雪の降る日でした。あまりの雪に，下校を全校一斉下校で行うことにしました。1年生から6年生までの一斉下校です。教師たちは，雪道の事故をくれぐれも注意するように促して送り出していきました。

　子どもたちが帰って半時も経たないうちに，電話が鳴り出します。「先生，うちの子どもが雪道で転んで歯から血を流して泣いて帰ってきたのですよ！」怒りの電話です。「そうでしたか。ごめんなさいね」「先生方は付き添ってくださらなかったのですか！」母親は激怒しています。「はい，門まで見送って……遠いところは教師が付き添ったのですが。ごめんなさいね」「これから病院にいきます」で電話は切れました。

　次の日の朝，その転んだ1年生が母親に付き添われて学校に来ました。「先生，うちの子が言うのには，6年生の上級生が，からかって転ばせたそうですよ。歯医者にいったら，この永久歯は治らないと言われたのです」と興奮した様子で話します。「その6年生の子は，わざと足払いをかけて転ばせたとこの子は言っています。」さっそく同じ通学団の該当の子どもを呼んで事情を聴くと，「誰も転ばせていない。自分ですべって転んだ」と言います。担当の教師は，6年生の子に「ほんとうだね」と念押しをして，その旨を母親に伝えました。

　その日の夕方，1年生の父親がまた電話をしてきました。「学校の対応はどうなっているんだ！　うちの子はいじめられて歯に怪我までさせられて……泣き寝入りをしろというのか！」との激しい怒りの電

I　もうひとつの「プロローグ」

話でした。

2　後手後手に回る対応

　だいたい事態が悪化していくときは，対応が後手後手に回る時です。今回のケースも母親から一報があったときに，受け取るだけではなくて，歯医者にいったあと，家庭訪問をするか，電話で事情を聴くべきだったのですね。

　転んだことが，故意に転ばされたのか，自分で転んだのか，そんなことは，瞬間的なことですから，はっきりしません。ましてや1年生の言うことを信用すべきか，6年生の主張を認めるべきか……それは不毛の話になりがちです。

　大事なことは，我が家の子どものことを先生も心配してくれていると保護者が納得することです。「わざわざ」家庭訪問をしてくれたという，「わざわざ」が今や重要なことになります。

　保護者のエゴであったり過保護であったり……分析的に見ればいくつかの処理方法もあります。しかし，感情的になった場合は，どんなことも通用しません。そんなとき教師は，「これは学びの試練だ」と納得して下座に徹するべきです。言い合いをしても埒は明きません。

◆11◆

親を味方にしてこそ，「子育て」につながる

　落ち着いて冷静になったときに，語り合えば，ほとんどの親は納得して，教師のことばにも耳を傾けてくれます。ほんとうは，「先生にもっとわが子のことを聴いてほしい」「私の愚痴を聴いてほしい」と願っているのです。世間話の他愛のない話に，お付き合いすることを喜んでするときに，親は「子育て」の土俵に上がってきます。

I　もうひとつの「プロローグ」

1　用事のないときに

　保護者と教師である私たちが話すときは、用件があるときですね。何か必要に迫られて話す機会が生まれます。確かに、教師の仕事も忙しい限り。だから、そんなにのんびり他愛のない話に興じている暇はありません。

　しかし、今ほど無駄話を学校の中で演出する学校は、「粋な学校」だと思います。授業参観の後、学習発表会（学芸会）や運動会のときの昼食、親子遠足、学校美化活動での親子参加、などなど、機会を見つけるならば、それなりに生み出していくことも可能です。

　Ｉ校長さんが、荒れていた学校に赴任したとき、「教師と保護者との意見交換（雑談）が少なすぎる！」ことに着目しました。すぐに校長さんの講話を含めた保護者の奉仕作業日を設けて、半日日程で遂行されたのです。はじめは、ほとんど無表情で、「学校は何をやるのか？」と疑心暗鬼だった親たちも、校長さんの何でも本気になって、本音で語る姿に、たいへん心打たれました。茶話会形式の雑談会。そんな活発な雑談と奉仕作業を通して学校をきれいにする活動が継続されていったのでした。言うまでもないことですが、生徒の荒れた状態は霧散していったのです。

　教師が一肌脱いでがんばることを保護者はちゃんと見ています。保身的になったり、防御の姿勢であったりしては、親たちは味方になってくれません。

2　かわいい子には旅を

　Ｉ校長先生の話の続きです。Ｉ校長さんは、「幼児や小学校では、家庭教育が最重要課題だが、中学校では、「他人の飯を食う」機会が必要だ」と説いていきました。「昔の人は、かわいい子には旅をさせろ

と言いましたね。あれはたのしい旅ではありませんよ。昔の旅は，死出の旅路にもなりかねないことでした。それでもそういうことをしないかぎり，耐えてがんばる一回りも二回りも大きな人間にはなれません。ましてや，私たちのような凡人は，親として子どもを過保護にしすぎます。それでは，わがままで怠慢極まりない子どもが大人になります」と何度も何度も話してきたのです。

　小学校の高学年を担任していたとき，K先生は，子どもたちと毎朝伝記を読む時間を朝の会に設定していました。K先生は言います。
「伝記は偉人の話だと決めつけていますよね。自分とはかけ離れた頭のいい人，天才の話と思っていないでしょうか。実は，そうではないのです。伝記は，『その人の失敗談の山』なんですね。挫折の話がいっぱいあるのです。その失敗や挫折から立ち上がる話です。そんな話をたくさん読ませることが，人間としての大事な栄養になっていくのですね。だから，私は伝記を読むことが，大きな勉強になると思っています。」
　甘くて冷やかな保護者と学校の関係ではなく，「厳しくて温かい関係」を築いていきましょう。それが保護者と学校のほんものの絆になるように。

II
教師のことばと顔つきを生かす

　教師の武器は,「ことばと顔つきだ」と, 私はかねがね思ってきました。子どもたちをやる気にさせることも, 腐らせることも, 教師の「ことばと顔つき」が重要なカギを握っていると思っています。いや, 最近は保護者や地域の住民とのトラブルも頻繁に起きます。ちょっとしたことばのすれ違いが, 大きな亀裂を生み出すこともしばしばです。これからしばらく,「教師の『ことば』をみがく」というテーマのもと, 日常的な教師の言動の在り方について, 一緒に考えてみませんか。
　もっとも「ことばと顔つきだ」とは言っても, オールマイティーのことばや顔つきがあるのではありません。同じことばでも, その時, その場, どんな人間関係の中で言われたかによって, まったく反対の結果を生み出すことも, 肝に銘じておかなくてはなりません。画一的な遣い方, 安易な遣い方は戒めなくてはなりません。だからこそ「ことばと顔つきをみがく」精進をしたいなと思うのです。

◆ 1 ◆

なるほど,そうか,すごいなあ

> 　子どもたちは,教師に受容されることを期待しています。受容されていることを肌で感じると,伸び伸びと自分を高みに押し上げていきます。「なるほど」「そうか」「すごいなあ」は,教師の大きなうなずきに支えられて,子どもの大いなるやる気を引き出していきます。

Ⅱ　教師のことばと顔つきを生かす

1　先走る使命感

　4月になって、学校にも新任教師が配属されてきます。フレッシュな風は、学校にさわやかで活気をもたらしてくれて、うれしいものです。子どもたちも、若い教師を心待ちにしています。「校長先生、なりたくてなりたくて、なれた教師の職です。全力でがんばりますから、ご指導よろしくお願いします！」きびきびして気持ちのよいあいさつが新鮮です。自分もこんなときがあったのだなと思いながら、「焦らずにやってくださいね」と声かけをします。

　ところが、そんな新任も5月の連休明け頃になると、やや4月当初の顔つきとは違ってきます。子どもたちを思うように指導できないのです。焦りやいらだちでヒステリックな言動をすることもしばしば見られる光景になります。

　新任教師にとって、「指導する」ということは、「働きかける」「要求する」「しつける」「指示命令をする」ことに置き換えられている場合が、多々あります。つまり「自分は教師なんだから、指導しなければいけない」という使命感が先走るのです。残念なことに、そんな「指導」に子どもたちは従いません。動きません。

2　受容することを

　N教師は、5月の末頃になって、とうとう喉を痛めてダウンしてしまいました。小学3年生の担任であるN教師は、日々誠実に授業準備をして教室に向かいました。しかし、子どもたちにN教師の説明や指示は届かないのです。ワイワイした喧騒な雰囲気のままに授業は頓挫しています。声をからして話すN教師には、悲壮感さえ漂っていました。

　私はN教師に「あなたの熱心さが裏目に出ているよ。授業でもあ

なたがしゃべり過ぎではないかなあ。」
　「どうだろうか，今授業を進めなければいけないという気持ちが強いだろうが，一旦その考えを捨ててみては……」と語りかけました。N教師は怪訝な顔つきでしたが，「とにかくまずは，子どもの動きをしっかり見ることが大事なことだよ。あなたが話しているときに，子どもたちは聴いているだろうか。まず聴いていないよね」「子どもたちは，活動したくてたまらないのだよ。話したくて，聴いて欲しくて……だからまずはN先生，あなたがよき聞き手になることです。それも『なるほど』『そうか』『すごいなあ』と受容する聴き方をすることです」具体的な話として，私なりに語ることばをN教師は受け止めながら，素直な気持ちで授業で意識して遣うようになっていきました。

　「なるほど，そうか，すごいなあ」は，それからN教師の口癖になりました。「まずは子どもたちの言動を大きな手のひらでしっかり，ゆったり，温かく受け容れる」営為が，「N先生は，ぼくたちの話をちゃんと聴いてくれてうれしい」「やっぱりN先生が好きだ」と子どもとの絆を太くしていったのでした。

2

どうしたいか，
どうしなければいけないか

　子どもたちにアクティブな動きを期待するためには，彼らが自らの意思で「どうしたいか」「どうしなければいけないか」自己選択する機会を，教師が意図的につくっていくことです。「どうしたいか」は，子どものゆめや希望を語らせます。「どうしなければいけないか」は，使命感や社会的な責任と自覚を促していきます。

1 人間関係が下手になった

　「この頃の子どもたちも，大人たちも『人間関係づくりが下手』になってきた」という声をよく聞きます。様々なトラブルが学校を責めたてます。

　子どもたちは，自ら引き起こした事態を，自らの意思や願いで修復できません。親たちは，自分の子どもに及んだ様相を被害妄想も甚だしく訴えます。

　遠足や校外学習をしようとするとき，グループ編成をします。そんなとき「仲良しグループがいい」「あの子とは嫌だ」との声が飛び交います。給食班でも掃除の生活班でも，そんな光景がよく見られます。「好きな子同士」のグループ編成が，その一方で排斥された子どもたちを生じさせていくことに，気づかないと言っていいのでしょうか。

　私は，子どもたちに，自らの意思と願いで考えを創り上げて，自己決定をしていくことのできる力を育てていかなければならないと思っています。そんなとき，私は二つの「ことば」を意識して遣える教師になってほしいと思っています。

　それは，まずは事態に対して「どうしたいか」という願いを持つことのできる子どもの育成です。「どうしたいか」というのは，その子どもの「願い」や「希望」「期待」です。自己決定の弱くなってきている今の子どもたちに，まず育てたいワザです。ところが「どうしたいですか」という問いだけでは，時にはわがままの発露になってしまいがちです。そこでもう一つのワザを教えます。「あなたはどうしなければいけないか」ということです。人間が多くの仲間の中で生きていくときに，社会的な責任とか使命感とか役割や立場を，自覚して生きていく知恵として学ぶことです。「好きな子同士」と主張する子ど

もに「それでいいかなあ。どうしなければいけないか」と問うことによって，嫌われて排除されてしまっている子どもへの思いに気づかせていきたいのです。

2　生き方を学ぶ「ことば」

　子どもたちに，まずは「自己決定」のできる資質を育てることです。その場合，「どうしたいか」を教師は問いたいと思います。そして，自己中心的な「願い」や「希望」に走ってしまうようでしたら，「そんなときは，どうしなければいけないか」と切り替えしていくのです。そのことによって，子どもたちはバランスのよい判断（自己決定）の仕方を学んでいくのです。

　「どうしたいか，どうしなければいけないか」は，いじめの問題を当事者の中で吟味させていく場合にも活用できます。教師の裁定を一方的に押し付ける「指導」では，いじめは解決しません。揺れ動く気持ちの整理を「どうしたいか，どうしなければいけないか」の自己決定の過程で，学ばせていくのです。

　また，この「どうしたいか，どうしなければいけないか」は，授業の終わり方や進め方にも活用できます。授業が頓挫しそうになったときや混乱した状態になったときに，子どもたちに「この後，どうしたいか，どうしなければいけないか」を問うことによって，「もっとこの点について考えていきたい」「この点が見落とされていたから，考えなければならない」と反応する子どもに育っていくのです。それは，授業を子ども自らの意思や願いで進めていく子どもを，育てていくことにつながります。

　「どうしたいか，どうしなければいけないか」は，日々の生活の中での自己決断の場で，自らをみがき，自らを育てていく「ことば」です。

◆3◆

さあ，見つけよう，いくつ見つけたかな

　子どもたちが，学習するとき，ムキになって挑む姿を求めたいと思います。
　彼らのやる気に火をつけたい，燃え上がらせるような「集中した学習」が成立しないか，ずっと考えてやってきました。そんなところから，「さあ，見つけよう！」「いくつ見つけられるかな」という問いかけが生まれてきました。

Ⅱ　教師のことばと顔つきを生かす

1　「調べよう，考えよう」からの脱皮

　私たちの学校現場で，普段何気なく遣っている「ことば」に「調べよう」「考えよう」という言い方があります。社会科の見学，理科の実験・観察でも，そんなことばが何気なく遣われています。学習指導案にも，そのような表現を用います。私が，この「調べよう，考えよう」をもう一度吟味してみたいと思うようになったのは，もう20年以上も昔のことでした。

　授業は，遊びとかゲームとはやや違います。そんなこともあって「調べよう，考えよう」は普通に遣われている教育用語です。あるとき，子どもたちと一緒に授業後のひとときを「かくれんぼ」に興じていました。そんな中で，「見いつけたあ！」「ああ，見つけた！」「残念！　見つかった！」という子どもたちのはずむ言葉が，私にはとっても新鮮にひびいてきたのです。子どもたちの誰しもが，興奮してその言葉を発しているのです。私はそのとき，直感的に「これだ！」と思いました。

　それからの国語の授業で説明文をやるとき，「この説明文で，すごいなと思うことを見つけてみよう！」と働きかけてみました。子どもたちの学習姿勢に「すごいこと見つけ！」が浸透して，夢中になって「見つけ」をしているではありませんか。理科の授業で水溶液の実験をしているとき，水酸化ナトリウムの溶け方と食塩の溶け方の「違い見つけをしよう！」も，5分の時間がとっても集中したものになっていったのです。社会科の授業では，消防署の施設や備品から「びっくりすること見つけ」を勇んでやりました。

　そのことから，いままで授業では何となく，「調べてみよう」「まとめてみよう」「考えてみよう」と安易に遣っていたなと反省させられたのです。「調べてみよう」「まとめてみよう」では，どこか子どもた

ちを惹きつけ熱中させる「ことばの力」がないことに気づかされたのでした。

2　時間を決めて，集中して

　それからの私は，バカの一つ覚えのように学習対象に立ち向かうときに，「さあ，この実験からすごいなと思うことを三つ見つけてみよう！」と問いかけることにしました。

　ベルタイマーを用意して，時間制限をします。そして，最初のうちは，「見つける数」を示すのです。「見つける時間と数での勝負」を子どもたちに仕掛けていくのです。これは小学校一年生から中学生まで，ほんとうに子どもたちのやる気と自覚を引き出すことばとして，効果的でした。その後，あっちこっちの学校や教師の授業実践の中で，意図的に試してもらいました。時間制限する，それもできるだけ短時間での「見つけ勝負」にするという働きかけが，子どもたちに高い集中を生み出していくのです。そのことを多くの学校や教師たちが証明してくれました。

　算数のような一つの答えを導き出す場合はどうかも吟味しました。私たちは，算数（数学）の問題をやらせたあと，「はい，できましたか？」「はい，やれた人は？」と子どもたちに問いかけます。この「できた」「やれた」という「ことば」には，どうも「正しくできた」「きちんとやれた」という意味あいが入ってしまいます。だから，できない，やれない子どもがもう一つ劣等感に押し潰されてしまうのです。この場合でも「見つけられたかな」という問いかけは，やや趣を異にします。「正しく見つけられてはいなくても，見つけることに動いた」ことが，評価されていくのです。

　ちょっとしたふだんの「ことば」遣いが，学習意欲の喚起に役立つこともあります。そんなことばの魔術師になりたいものです。

Ⅱ 教師のことばと顔つきを生かす

◆4◆

一番見つけたこと，一番つたえたいこと，一番考えたこと

　よく教師は，「何でもいいから考えたことを発表しよう」「どんなことでもいいから言ってみよう」などと，子どもたちに働きかけます。
　この「何でもいいから……」「どんなことでもいいから……」は，一見発言しやすい雰囲気をつくっているようにもみえます。しかし，それは子どもの立場をほんとうに尊重した言い方でしょうか。

1　ある授業風景から

　私は，小学校の5年生の教室で，国語の授業を参観していました。椋鳩十氏の『大造じいさんとがん』を読み込んでいく授業です。この作品は5年生の最後の段階に掲載されている教材です。

　授業は，大造じいさんが残雪に立ち向かっていく場面でした。音読をした後，教師は，子どもたちに残雪に挑む大造じいさんの姿を読もうとして挙手を求めました。子どもたちの中から，少しバラバラッと手が挙がりました。4名の子どもが挙手したのです。授業者の教師はすかさず「これだけか！」とやや怒鳴るように言いました。子どもたちは，少し赤くなるような上気した表情を見せながらも，ためらっていました。続いて教師は，「どんなことでもいいのだよ。間違っていてもいいのだよ」と付け加えて，子どもたちを見回したのです。でも，子どもたちの表情は固く，それ以上の子どもたちは挙手しませんでした。その授業は，子どもたちのやや凍りついた固さを持ち続けながら，進められていきました。

　私は，この授業を参観しながら，教師のことばの持つ重さを感じていました。初めの音読を終えた後，子どもたちに挙手させました。そのときに，教師は「これだけか！」と言いました。それは「これだけしか，考えていないのか！」というような教師のいらだちを感じさせる言い方でした。子どもたちは，ただでさえ多くの参観者に囲まれて固くなっているのに，さらに追い討ちをかけるような教師のことば。教師は子どもたちを発奮させようと，励ますつもりで言ったかもしれません。しかし，そのことばは，子どもたちを孤立させ，心細さを増幅していったと言っていいでしょう。決して励ましのことばにも発奮のことばにもなりませんでした。

　さらに「どんなことでもいいのだよ。間違っていてもいいのだよ」

は子どもたちの肩の力を抜いた自然体を求めたのでしょうか。気を楽にして発言してほしいという教師の願望がにじみでています。でも子どもたちは，動かなかったのです。

2 「どんなことでもいいから……」はタブー

　私たちは，授業だけではなくて，日常的に「どんなことでもいいから」「間違ってもいいから」「なんでもいいから」ということばを遣います。それは多くの子どもたちに気安く気軽に意見を言って欲しいからでしょうか。しかし，その「どんなことでも」「なんでもいいから」は，教師が本気で子どもの立場を尊重していたら，言えないことばだと，私は思うのです。「いい加減な考え」「間違った考え」「くだらない考え」を言うことを求める教師の姿勢は，決して子どもたちを生かしている，がんばろうとさせているとは言えません。子どもたちを，授業を進めるための手段に使っているに過ぎません。

　大事なことは，「今，あなたがここで一番強く思ったことを言ってみてください」「この実験から一番見つけたことを言ってごらん」というように，その子に「一番ひびいたこと」を引き出していく教師の言動が重要になってくると思うのです。

　「どんなことでもいいから……」は一見言いやすい雰囲気を育てていく仕掛けかもしれません。それを敢えて私は「タブーなことば」にしたいと思います。子どもたちに，歯を食いしばって「今はこれが一番つたえたいこと，考えたこと」として発言できる子どもを育てていきたいと考えます。

5

だから……それで……
たとえば……自分と比べて

　子どもたちの考え方や，物の言い方は，ことば足らずであったり，途中で止まってしまったりします。そんなとき，教師の支えがどうしても必要になります。じっと「待つ」こと，待ちながら，子どもが自分の考えを表出しやすいように応援してやりたいものです。

Ⅱ　教師のことばと顔つきを生かす

1　大学での授業

　私は今，大学で「教育方法論」の授業をしています。その授業の進め方は，基本的には小学校，中学校の進め方と一緒です。一方的な「講義調」ではありません。「教育方法論」といっても，それは授業実践入門の「いろは」を学ぶことです。

　私はいつも小中学校の授業実践の事例を持ってきます。ある日の授業は，金子みすゞの「すずめのかあさん」の詩をどうやって授業するか，考える授業でした。まずは学生たちにこの詩を味わってもらいます。ところが，学生たちは，意外にも味わいに躊躇があります。いや，ことばが足らないのです。「なんだかとってもかわいそう……」「残酷な詩だ」と発言します。発言の息が短いのです。これはそのまま学生たちの思考が短い脈絡の中にあると考えます。そんなとき私はできるだけの笑顔をつくって，発言した学生に対峙します。「なるほどねえ，だから……」とことばをつなぐのです。「だから……私が思うにはこの詩の題を聴いたときは，なんだかほほえましい詩かなと思ったのですが……それが人間の行いによって親子が引き裂かれる……そんな姿がかわいそうだなと思ったのです」とポツリポツリと発言していきました。

　「たとえば……それを人間社会に置き換えると，たいへん辛いことです。弱い者を痛めつけているのに，そのことに気づかない強者の論理があります。」

　学生たちは，私のことばを呼び水にして語るようになっていきます。

2　多様な考え方を引き出すことばを

　よく授業研究をしていると，「息の長い発言のできる子どもたちにしたい」という発言をする教師がいます。それはとても重要なテーマ

を含んでいます。「息の長い発言」は,「おしゃべりマン」を育てようとしているのではありません。結論的に言えば,「多様な思考(考え方)の仕方を血肉化していくこと」です。「だから」は,ポツリと言って座ってしまった子どもに「その続きを言ってごらん」とやさしく促すことばです。そんなことばを教師が引き出しの中に入れておいて,機会をとらえて子どもたちに働きかけていくことが,実は子どもの思考深化につながっていきます。二〜三例をあげましょう。

　「**たとえば**」：具体的な事例をあげて考える
　「**自分と比べて**」：自分の暮らしを見つめたり,生活の中に自覚を促したりする
　「**まるで……**」：比ゆ的な言い方によってイメージを膨らませる
　「**つないで考えると**」：二者以上のものを関係的に認識する

　このような教師の「呼び水」が子どもの話しやすさを生み出すとともに,次からは子ども自身が,そのような「つなぎことば」を発言の中に入れて語りだすことを待ちます。そしてそんな一瞬を見届けたら,「すごい！　自分のこととつないで考えたね！」と高く賞賛することです。

　それにしても,このような「呼び水」のことばを遣う教師は「待ちの姿勢」を持ち続けていないとできません。「だから……」とうながして……子どもが逡巡しているのをじっと待ちます。あわてないことです。授業者である教師は最大の笑顔と真剣さで子どもの語り出すのを待つのです。

　大学生たちも,語りをたのしむ雰囲気が出てきました。「なんだか授業に積極的に参加している感じがするし,何よりも文章化するときに,息の長い文章,多様な見方,表現ができるようになってきました」私はそんな発言に悦になって,またまた引き出しのことばを探ります。

6

反応しよう，
続けてみて，みんなどうかな

　授業の中で，子どもたちが「参加」していくためには，授業の中身に彼らが反応していくことです。ある子どもが発言した場合，他の子どもたちが意思表示をすることです。
　それは「賛成！！」とか「いいです！」と一斉に言うことではありません。それぞれの子どもが，「つけたし発言」のかたちで言う自覚を促していくことです。根気強くやっていきたいものです。

1 授業は「参加度」が決め手

　授業をする教師にとって気になるのは，「授業に子どもたちが集中しているか」ということです。「集中」ということばがやや緊張度が高いようでしたら，「参加度」と言ってもいいと思います。もう少し吟味すると，授業は「授業への参加」と「授業の深まり」で成立するといえます。でもはじめからこの二つを充足させることは至難なことです。

　私は「まずは参加度」と言いたいです。そのためには，授業の中で，子どもたちが「聴く」姿勢がついてこないといけないと思います。「聴く」という字を分解すると「目と心で耳を」になります。そうなんです。目で見ることを意識して，子どもたちに指導していかないといけません。私はそれを「アイコンタクトのできる人になろう」と子どもたちに呼びかけます。目で話し手の子どもを見て聴くのですね。そして，「意見を聴いたら反応しよう」と言います。この「反応する」ことは，子どもたちに強要していいことです。「中には，咄嗟にわからない子どもや反応できないで，戸惑いのある子どもも」という見方もあります。確かにそのとおりです。でも，子どもは大人よりもはるかに順応性が高いのですから，少し応援して，「わからなかったら，素直にわからない顔でいいんだよ」と落ち着かせます。

- わからなかったら，「わからない」という勇気を
- 「つけたし発言のできる子になろう」で，同じことでも自分の口で言ってみる体験を
- 「誰々さんに似ているけれど」という意見を言った子どもの名前を言わせて発言させることを

　4月，5月の学級開きをした当初は，この「反応しよう」に慣れさせます。少しずつ少しずつ，根気強く指導していきます。それは教師が体感として子どもに「教える」ことです。

Ⅱ　教師のことばと顔つきを生かす

2 「続けてください」を定番に

　教師は，多くの子どもに，多くの意見を，多様な考えを出させようと，「はい，ほかに」ということばを遣いがちになります。「なるほどねえ」とうなずきが教師にあれば，まだ救われますが，それもなく，一人の子どもの発言を聴き終えると，間髪を入れずに，「はい，ほかにどうでしょうか」などと言ってしまうくせ（私は「はい，ほかに」がくせになっている教師を，いままで嫌というほど見てきました。授業の中で100回以上も言っていたという教師もいます！）を持っている教師が多いのです。「はい，ほかに」という言い方は，その前に発言した子どもの意見をほったらかしにしていることです。せっかく勇気を持って発言したのに，「はい，ほかに」とろくに取り上げてもらえないままに，他の子どもに振られた子どもは，惨めな気持ちになります。〈自分の意見は，ダメだったのだろうか〉と失望します。

　私は願っているのです。「先生方，まずは，子どもの発言を『なるほどねえ』と受け止めてください。うなずいてください。それから，『はい，じゃあ続けてください。』『はい，今の考えに反応してください』と言える教師になりましょう」と。もちろん，教師は，その授業のねらいから逸れていってしまうことを危惧しますね。でもあわてないことです。焦らないことです。じっくり「聴いているよ」という教師の姿勢が，子どもたちのやる気を引き出していくのだということを，忘れないでください。

　ほんとうに逸れていく場合は，子どもたちの力で修正されていくはずだとだまされてもいいから信じて授業をしてください。アイコンタクトをして，反応して，「続けてください」の聞こえてくる教室には，子どもの育ちが保障されています。

◆7◆

授業というバスに乗ろう！

　授業をバスに乗ることにたとえたいなと思います。バスの運転手は，授業者である教師です。運転手は，バスから乗客を振り落とすことのないようにしないといけません。乗り遅れそうになった乗客にも配慮しないといけません。乱暴な運転ではバス酔いも起こします。事故も起きます。あせらずに運転しましょう。

Ⅱ　教師のことばと顔つきを生かす

1　バカの一つ覚え

　授業実践をする場合，大事にしたいことが二つあります。まず一つは「授業への参加」です。もう一つは「授業の深まり」です。今回もこの前者，つまり授業への参加について，考えてみたいと思います。

　私は，教室を「授業するバス」に見立てます。その授業というバスを，ちゃんと走らせることができるか，それとも乗っている乗客を，置いてきぼりにしてしまうような荒い運転手（授業者）であるか，が気になるのです。よく「授業の主人公は，子どもだ，だから授業を運転するのも子どもたち」などと，変なところで「子ども在りき」の主張をする教師がいます。そんなことを言って，授業の精進から責任逃避している運転手（授業者）であってはなりません。それでは授業の中で，子どもを放任している教師になっている……無責任な授業者です。

　私はまず授業をする場合，「はい，みんな授業というバスに乗ったかな」と確認します。ほんとうは乗りたくなるバスになるよう，工夫や配慮がなされていることが重要なことですが，かけ声だけでも「バスに乗ろう！」と呼びかけます。この呼びかけは，小学校の１年生から，中学校でも十分通用することを，私は体験的に学びました。「授業というバスに乗ろう！」は大事な合言葉になります。意欲と学習規律の自覚にもなります。

2　バスを停める

　ある日のこと，校長室に，３年生の子どもたちが来ました。「校長先生，ちょっと聴いてください」と言って代表の子どもが次のようなことを言いました。「校長先生，ぼくたちのクラスでは，バスに乗ろ

うを合言葉にして，授業でがんばっていますよ。だから見に来てください」と言うのです。そしたら，傍にいた子どもが「ぼくたちねえ，はじめからバスに乗れないこともあるけれど，先生が乗るまで待っててあげるからねって言ってくれるので，乗れるよ」と言うではありませんか。「そうか！！　すごいなあ，あなたがたの担任の先生もすごいじゃないか！！」と頭をなでたことでした。

　そのあと，すぐにその担任教師にその話をすると，「ええ，そうなんです。長い休み時間のあとは，なかなかバスに乗れないようで……だから待ってやるのですね。約束です。……それともう一つ『バスの駅は三つつくる』ようにしているのですね。授業中，算数の授業では，つまずいている子どももいて，あきらめてしまう雰囲気になるのですね。だから，そんなときはバスをストップしてみんなで教え合ったり，考え合ったりするんですね。そうするとまた子どもたちがバスに乗り出して動き出すことができます」とうれしそうに語ってくれました。「先生，バス停があるんですか。すごい発想ですね。私もそんな考えは思いもつきませんでしたよ」と驚いたことでした。

　「バスに乗ろう！」「バスを停めてみんなで学ぼう」は，その学校の中に自然に広まっていったことでした。とくに蒸し暑い時期や，残暑厳しい時期などは，授業への参加度を高める意欲と自覚を生み出すことが，とても難しいものです。そんな時期になると，あっちこっちの教室で「バスに乗ろう！」の掲示物が見られたり，子どもたちのかけ声が出てきたりして，なんだか子どもたちが健気にがんばっている姿に心打たれる私でした。

Ⅱ　教師のことばと顔つきを生かす

8

ここが一番がんばりどころだよ！負けるな

　授業参加を少しずつ達成していったら，その上を狙います。授業の中で「学びのハードルを越える」ことです。そんなとき，教師も子どもたちに，「ここでがんばってほしい」というエールを送りましょう。歯をくいしばって，がんばる歓びを味わわせましょう。

1　「歯を食いしばる」ことへの弱さ

　「学校現場から厳しさが遠のいている」と思っているのは，私だけでしょうか。不登校の子どもの増加や青少年の自殺者の数値を見るにつけて，教師たちに「子どもを育てること」への自信が揺らいできています。さらにそこにモンスターペアレントなる輩の登場ですから，教師たちが臆病になるのも無理からぬ話です。文部科学省は，「学校は子どもにとって，居場所になるところであるべきだ」と主張します。「子どもの側に立つ」とか「心の居場所になる学校」が，標榜されてきました。

　私は，そんな光景を眺めながら，暗澹たる気持ちになります。「これで日本の教育はほんとうによいのだろうか」と。「授業というバスに乗ろう！」ということばも，私の思いは，「やることから逃げない気持ちになる」ことです。プレッシャーから逃げては，「人間にはなれない」と子どもたちに指導すべきだと，強く思うのです。

　「学校現場が『なあなあ主義』になってきている」「教師と子どもが友だち感覚」「授業ができてもできなくても進んでいって……甘くて冷たい指導になっている」という嘆きの声を聴きます。そのとおりだと思います。大事なことは，ここから始まります。嘆きを実践につなげていく努力を学校現場がしていくことです。

　私は「学校は，たのしいところであらねばならぬが，歯を食いしばって，涙をこらえてがんばるところでもある」と思い続けています。

2　ハードルに挑む歓び

　ある中学校で，国語の授業を参観しました。向田邦子作「字のないはがき」という作品の読みをしていました。教師は，「それでは音読をしましょう」と言って指示します。しばらくしても声が聞こえてき

Ⅱ　教師のことばと顔つきを生かす

ません。私はハッとして生徒たちの顔を見ました。ブスッとした表情，やる気のない顔つき，読んでいる生徒も聴こえないほどの小さな声。私の中にメラメラと燃え盛ってくるものがありました。自分が一参観者であることを忘れて「みんな立とうじゃないか」と呼びかけました。生徒たちは，突然参観者の私が呼びかけたので，「なんだ！　この人は」と冷めた目で見ています。「さあ，声を出そう。声を出して読んでみよう。そうすると気持ちよくなるから」との私の呼びかけに，全員の生徒が立ち上がりました。

　その後は私も授業者にことわって，「それでは心に残ったところを言ってください」という授業者の指示を「さあ，これも立ち上がってみよう。そして心に残ったところにサイドラインを引いてみよう。三箇所くらい心に残った箇所を引けたら座ろう」と強権発動のような言い方をしたのです。そうしたら，ある子どもが「そんなん，オレ，永久に座れんゲエ」とつぶやいたのです。「そうだね。でもここが一番がんばりどころだよ！　負けるな」と私は全員に発破をかけました。すぐにそのつぶやきを言った生徒のところに言って「心に残ったところは，本を閉じても覚えているところでいいのだよ」とささやいて肩に手を置いて，応援する気持ちを精一杯表してみました。彼は重い体をねじるようにして線を引いて，やがて座りました。

　その授業後，あのつぶやいた生徒は，「今日の授業は緊張したゲ。あのおっさん先生，また来てくれるかなあ」と授業者の教師に言ったということです。生徒たちは，みんなみんなほんとうはやりたがっているのです。本気になって挑む爽快感を味わいたいと思っているのです。そんなことを感じたことでした。現場の教師に言います。決して気後れしないでがんばってほしいと。

9

新しく考えたことなら，なおいいよ

　子どもたちは，自分の答えや考えをノートに書きます。でも授業が進むにつれて，「ああ，わかった」「そうだったのか」「新しいことに気づいたよ」という表情をすることがあります。
　「先生，ノートに書いてないことでもいいですか？」などと聴く子どももいます。そんなとき，「新しく考えたことなら，なおいいよ！」と間髪入れずに支援してやる教師になりましょう。

Ⅱ　教師のことばと顔つきを生かす

1　ノートを読んでいる子ども

　「授業は参加してナンボ」とは，私の願いであり，多くの教師の願いでもあると思います。その「授業参加」を多くの教師は何で判断するのでしょうか。多くの教師は授業での子どもの発言に着目します。中には「全員発言」を掲げて，熱心に取り組んでいる教師もいます。
　子どもが発言をするためには，「考えを持つこと」が大前提になります。そこで，子どもにまずは自分の考えをノートに書き込ませて，それを足場にして発言に導く教師もいます。それを「ひとり調べ」と読んでいる学校もあります。確かに多くの子どもは，ノートに書くことによって，発言をするようになります。しかし，その子どもたちの中には，発言をするのではなくて，「ノートを読むこと」によって，発言の代替にしている場合もあります。高学年になればなるほど，そんな光景を見ます。
　発言する場合，ノートを読んで発言することに代えている子どもには，「ノートに書いてあることをそのまま言わなくてもいいのだよ。みんなの顔を見てお話しすることに慣れようね」と促しましょう。発言することに慣れていない子ども，発言に自信のない子どもほど，ノートにしがみついて，ノートを読むことに執着します。そんな場合は，授業中ではない時間帯を用意して，「発言練習」をしましょう。ノートを見ないで発言することに，臆病になっている子どもたちに，「ノートと違うことを言ってもぜんぜん平気なんだよ」と暗示をかけてやってほしいのです。その一言が，子どもの固まった心を解かします。勇気を奮い立たせます。

2　書いてないことを言う子どもを

　子どもたちの中には，ノートに書くことが苦手な子どももいます。

そんな子どもたちに「まずは書くことが大事なんだ」と指導する教師もいます。しかし、果たしてそういう指導がいいものでしょうか。それぞれの子どもの中には、得手不得手があります。「先生！　ノートに書いてないことでもいいですか？」と聞く場合があります。そんな子どもには、「はい、いいですよ。書いてないことを言えるなら、なおいいよ！」と励ましてやりましょう。

　子どもは、「書いてないことでも」と言ったのです。大事なことは、「……でも」と言った子どもに「……なおいいよ」と言ってやることです。

　授業をしていると、「予想したことでもいいですか？」と言う子どももいます。この場合も、「予想したことなら、なおいいよ」と言ってやるべきです。この「なおいいよ」と言える教師こそ、子どもたちを伸び伸びとさせ、がんばらせる動きを生み出すことができます。

　教師のほんのちょっとした「ことば遣い」が、子どもに勇気を与えたり、萎縮させたりします。ある子どもが、次のようなことを日記に書いてきました。

　「……私は、自分が発言しようと思っていたことを、直ちゃんが言ってしまいました。『えっ、どうしよう！』と思っていたときに、当たってしまいました。『先生、同じことしか言えない……』と下を向いて小さな声で言ったら、『まさみさん、同じことを言うことって、すごいことなんだよ。よく聴いていたから、同じことだってわかったのだし、だから同じことなら、なおいいんだよ』と先生が言われました。私は勇気を持って発言しました。先生から発言する勇気をプレゼントしてもらえて、うれしいです。先生、ありがとうございました。」

　ここにも、小さな花が開きかけていることを思うのです。うれしいことです。

Ⅱ 教師のことばと顔つきを生かす

◆10◆

迷ったら，手を挙げるんだったよねえ

子どもたちも高学年になればなるほど，羞恥心も手伝って，だんだん発言を自主的にしなくなります。学習内容もだんだん難しくなることが拍車をかけます。そんなとき，「迷ったら手を挙げるんだったよねえ」と言いながら，子どもたちを応援している教師に出会いました。とっても明るくさわやかな雰囲気の風が流れ込んだようでした。

1　子どものがんばりを促す仕掛け

　6年生の教室で，社会科の授業を行っています。日本の歴史「自由民権運動」です，自由民権運動家が演説会場で演説している絵を見て，「おや？」と思ったり，「すごいな！」と思ったりして，見つけたことを話し合っているのですね。子どもたちは真剣です。「はい，それではみんなの見つけたことを言ってもらいましょうか」と先生が促しました。でも，子どもたちは3～4名だけの挙手です。先生はしばらく待ちました。一向に挙手する気配がありません。

　「ねえ，みんな。迷ったら挙手するんだったよねえ」と先生は，ゆっくりと子どもたちを見回しながら，言いました。そのことばを聴いた子どもたちは，先生に促されるように，バラバラっと挙手する子どもに変わっていったのです。クラスの半分以上の子どもが挙手したところで，授業はスタートしていきました。

　それは実に不思議な光景でした。「迷ったら挙手するんだったよねえ」の教師のことばがマジックのように作用したのでしょうか。私はその光景を忘れることができませんでした。

　授業を終えた教師に，私はその摩訶不思議な光景の驚きを感じたままに，尋ねました。その教師は，顔に笑顔を浮かべながら，語ってくれました。

2　まちがいをこわがらない教室に

　「私は，4月にこのクラスの子どもたちに出会いました。それまでは他学年の担任をしていて，この子たちとのかかわりは部活動を除いてありませんでした。驚いたことに，部活動ではエネルギッシュに動いている子どもたちも，教室での授業になるとおとなしいのですね。

Ⅱ　教師のことばと顔つきを生かす

でもそれはよくあることです。」その教師の表情は落ち着いています。ゆっくりゆっくり思い出すように語ってくれました。「私はこれまでの小学校生活の中で、この子たちが、『学校ってどういうところと思ってきたんだろうか』が気になりました。6年生に至るまでのそれぞれの先生方は、一生懸命やってきてくださったと思います。でも、どこかで『教室はまちがえてはいけないところだ』という思いが、しみ込んでしまったのではないかと思ったのです。失敗したら笑われる、いや実際に笑われたことがあったのかもしれません。」「学級会をやりました。案の定、子どもたちは異口同音に、『まちがえるとはずかしい』『勇気が出ない』『自信がない』と言うのです。」「私はそんな子どもたちに、『みんな走り高跳びの練習をするよね。あのとき、バーが落ちることをこわがっていては、絶対に跳べないよね。バーをたくさん落としてこそ、たくさん失敗した人こそ、高く跳べるようになるんだよね』と話してやるんです。」「この話は、子どもたちにも説得力を持ってひびくようです。同時に蒔田晋治先生の『教室はまちがうところだ』の詩を紹介します。」

その後の学級会では、みんなが走り高跳びの体験をあげたり、勇気を持って授業に参加することの大切さを確認したりしていったとのことでした。「迷ったらあげようよ！」というこのクラスならではの決め事も、みんなで共通確認していったとのことでした。

子どもたちの自覚や意欲を促すためには、単なる励ましのことばでは、子どもたちを奮い立たせることはできません。その教師が学級会を開いて、子どもたちの心をやわらかく耕すことに専心して、やっと「迷ったら手をあげるんだったよねえ」に、命を吹き込むことができたのだと思ったことでした。

◆11◆

ほんとうにそう思うか？
本気になって考えたことか？

　子どもたちの学習を高みに引き上げていきたい，このハードルを跳ばせたいと念じて念じて，教師は授業の中で子どもたちに働きかけます。
　ほんとうにその子が考えを吟味しているか，本気になって考えたことかを問うのです。それは，子どもたちを信頼して，子どもと格闘する教師の姿です。

Ⅱ　教師のことばと顔つきを生かす

1　ゆさぶり発問での鍛え

　授業成立の要件は,「授業への子どもの参加度」と「授業の深まり」です。私たち教師は,授業への参加度が高まってくると,もう少し深まりのある授業がしたいなと思います。ただ考えを出し合うだけの授業では,平板な授業といえましょう。子どもたちが緊迫感のある気持ちになって白熱した意見を交換する,少しの間「ウーン……」と間が空くほどの時間をおいて,やがて子どもが「こんなふうではないか」とポツリポツリと語り出すような授業です。饒舌にただ発言をいっぱいする,長しゃべりをするだけではいけません。私たちは,授業の中で「おしゃべりマン」を育成しているのではありません。

　「ゆさぶり発問での鍛え」を思うのです。授業の流れの中で一時的に立ち止まって,考えを見直す時と場を持つことです。そんな仕掛けをしていく教師の出を考えていきたいものだと思います。

2　「ほんとにそう思うか」「本気でなって考えたことか」

　その教室の中に入ったとき,なんとも危うい空気を感じることがあります。子どもたちが一見明るく何でも言う雰囲気があるにはあるのですが,「ことばが軽い」というのか,「浮いている」と言っていいのか……とにかく真剣さからは,かけ離れた空気の動きです。慣れ合いのようなことばの飛び交う教室に,「学び舎」を感じることはできません。確かに子どもたちは,授業に参加はしているでしょうが,質が低いのです。

　教室の中で学ぶ仲間が,「今は真剣に考えるときだ！」と思うような一瞬を演出することです。私は,そんなことばを選びたいなと思います。得意満面になって発言する子どもに,時には,「あなたはそんなことを言ったけれど,ほんとうにそう思うか？」と切り込むのです。

わかったような顔をして語る子どもに「その考えは，君が本気になって考えたことか」と迫ることです。それは教師の権威を振りかざすことではありません。

学びの真実へ，事実の核心へ，学習対象の本質へひたすら迫っていく「深まりへのくさび」です。その一矢を打ち込むことに，教師の腕をみがかなくてはなりません。

3 多用は慎む

教師が，「ゆさぶり」と称して事あるごとにこのような迫り方，切り込み方をしていたら，子どもたちは，身を凍らせて萎縮することでしょう。だから，多用してはなりません。せいぜい一時間の授業で一回程度，または一日で一回程度かもしれません。それほど慎重な配慮が必要です。臆病な子どもに，このような切り込みは，二度と口を開かなくさせていくでしょうから。

にもかかわらず，私は，「授業で子どもを鍛えること」の重要な仕掛けをこの「ゆさぶり」に求めたいなと考えていますし，実際奨励しています。

子どもたちを脱皮させるために，もう一つのハードルを越えさせるために，教師は，その子に即して「ゆさぶり」をかけていくことです。何度も何度も言いますが，決して多用してはなりません。むしろ「ゆさぶり」は慎重にも慎重を期すべきであると思います。そんな中から，やがて子ども同士がゆさぶりをかけ合ったり，学びの核心に迫る動きを生み出していくのです。道は険しいですが，やりがいのある教師のワザです。

Ⅱ　教師のことばと顔つきを生かす

12

ことば遣いのワザをみがくために

　同じことば遣いであっても，あるときは，その子どものやる気を引き出すのに，あるときは，まったく腐らせてしまうことを，私たちは体験的に持っています。ことば遣いの難しさでしょう。

　それでも私たち教師は，ことばに命を吹き込んでいかないといけません。それが大きな仕事です。お互いに切磋琢磨する大事な精進事項です。

1　ことばのTPO

　ある高校生のことばです。「同じことばでも，ことばをかける先生の気持ち次第で，受け取り方が大きく変わることがわかりました。私は先生から『おまえはばかだ』と言われたことがあるけれど，その後の一言で，印象はガラリと変わりました。先生は，『だから，その自分を認めて，そこから一歩前に出てみろ！』と言ってくれました。そのことばがすごく心にひびきました」と。

　この高校生の感じたものを思うとき，ことば遣いの難しさと，ことば遣いの意義深さを強く思うのです。友だちと喧嘩をしたとき，「もう一度，（喧嘩した相手に）仲良くするチャンスをあげたらいいんじゃないかな」と30分以上も励ましてもらったことが，忘れられないという中学生もいました。

　ことば遣いは，教師の最大の精進事項だと，私はかねがね思ってきました。教室の風景の中で，ある瞬間に発せられた教師のことばに奮い立つ光景は，さわやかさそのものです。部活動の激しい練習に，コーチである教師の一言が，大きな力になって，高いハードルに挑ませてくれます。ことばのTPOという表現は適切ではないかもしれませんが，一つのことばかけが，あるときは，その子どもを真剣にして，あるときは，ひどく腐らせてしまったり。それはひとえに，まさに「その場の空気が読めているかどうか」にかかわっているように思います。

2　見ていることの重さ

　なんでも，ほめればいいのではありません。「よくがんばったね」の一言も，その子どもがほんとうにがんばっている，その子自身の自覚があってこそ，受け入れられます。大したがんばりもしていないのに，大安売りのほめことばは，場を白けさせ，やる気を逆に奪います。

Ⅱ　教師のことばと顔つきを生かす

　大事なことは，ほんとうに「見つけて，見届けて，見守っているか」が問われます。教師自身の誠実な「まなざし」が，あってこそのことば遣いです。
　中学校の教室での出来事です。「昨日の合唱祭でのみんなの歌声を，優勝に結び付けることができなかったことは，オレは夕べ眠れないほど悔しかった。今朝は4時前に目が覚めてしまった。そこでみんなの歌声を確認したくて，もう一回ビデオを観たんだ。……そしたら，みんなの表情が迫真だった。怖いほど真剣に歌っているではないか。オレは何だったのか。賞に入らなかったことばかりを嘆いていた。恥ずかしいが，そんなチッポケな自分が恥ずかしくなった。ごめんな，みんな」担任教師は，子どもたちに深々と頭を下げました。
　いつの間にか，生徒たちは泣きだしているではありませんか。それは先生が，自分の胸の内を語ってくれたからです。決して生徒を責めるのではなくて，自らの貧相な心の中をさらけ出してくれたのです。それまでその学級は何をやってもまとまりに欠けていたのが，それからは，大きな団結を生み出して，卒業へと向かっていったのでした。

　私たち教師は，自分のことばに怠慢であってはなりません。自分のことば遣いをみがくべく，「ことば遣いのワザ」を追い求めていきたいものです。ことば遣いに神経質になることであってはなりません。大胆にして，かつ繊細な心遣いが，子どもたちの魂を揺さぶる珠玉の一言になります。そんな教師になるように，みなさんの健闘を念じております。

Ⅲ
授業に生きる「小さな一歩」を学ぶ

　いい授業のできる教師は，確かにいます。その教師の授業実践を見ていると，教材構想に独創的なアイデアが満載であるとか，本時の授業が「子どもたちにとって切実感のある」ものになっているとか，圧倒されるような力量の差を見せつけられて，愕然とすることがあります。

　しかし，その教師の授業を記録にとって再現すると，様々な一挙手一投足に「丁寧で繊細な配慮，大胆で切れ味鋭い言動，地道で根気強い育て方」を発見して，ひざまずくような驚きに出会います。それは普通の教師では見逃してしまうような，「ささいなこと」としていることへの気遣いや振る舞いでもあります。

　優れた教師は，そういう「ささいなこと」を決しておろそかにはしません。あるときは，燦々とふりそそぐ太陽のように，あるときは乾いた土にしみこむ慈雨のように，またあるときは，「強くなれよ」と吹きつける風のように。それは，自然の恵みであり，自然の怖さであり，自然のやさしさのようであるのです。

◆1◆

学力観のとらえ方を
もう一度考えてみよう

　低学力の問題が論議の対象になっています。しかし,「学力とは？」とたずねられて,それをきちんと答えることができる教師が何人いるでしょうか。
　私たちは,学力は,「学ぼうとする力」(意欲・関心・態度・自覚)「学ぶ力」(やり方・方法)「学んだ力」(知識・理解)としてとらえます。

学力って…

何？

Ⅲ　授業に生きる「小さな一歩」を学ぶ

　学力問題がマスコミや世間で騒がれたとき、「低学力問題」だけが突出して話題になりました。肝心な「学力って何ですか？」の問いに答えないままに、文部科学省までが右往左往している現実があります。

　学力観の定義には、様々な定義の提案がなされています。私は、学力は「学ぼうとする力」、「学ぶ力」、「学んだ力」の三要素で考えています。

　「学ぼうとする力」は、子どもたちのやろうとする気持ちであり、意欲です。もっと言えば、世の中には、やる気のでないことでも、必要なこともあります。そんなときには、「やらなければならない」という自覚の中で歯をくいしばってがんばることも必要です。以前に「生きる力」がさかんに言われたことがありましたね。この「生きる力」も三要素に分けてみると、「生きようとする力」「生きる力」「生きた力」になるでしょうか。やや強引な分け方ですが、こうやって分けてみると「生きようとする力」が、もっとも重要な課題になると思うのですね。年間３万人以上の自死する人のいる国は、やはりどこか病んでいます。生きようとするすべが見つからないから、生きられないということもあります。しかし、たとえ「生きるすべが見つからなくても、生きようとする」ことこそが、人間の宿命だと思うのです。

　「学ぶ力」は、学習のやり方です。方法です。問題を発見するも、解決するも、試行錯誤、悪戦苦闘がつきものです。そんな中で、やり方を見つけていくのです。私たちは、学び方は、子どもたちは、最初から難なく獲得することがなかなかできないのが現実だと考えています。だから、「学び方」も教えていかないとできません。学びの方法の習得です。それをきっかけにして、自ら、または仲間と学びの方法

を探り当てていくようになると考えるのです。

　「学んだ力」は，生きていく上での知識や理解することです。低学力の問題の発端は，この「学んだ力」から得た知識・理解の欠如が大きな要素でしょう。受験体制の中での測定可能な学力も，この「学んだ力」が中心です。しかし，この「学んだ力」をバカにしてはいけません。受験競争とは別に，先人の獲得した財産をしっかり受け継ぐことは重要なことです。日々の生活の中でも，社会の中で生きるルールや約束，生活習慣など，この「学んだ力」に頼るところは，多々あります。

　ただ，この三つの学力の要素で，私たちがもっとも力を入れたいのは，「学ぼうとする力」です。今の世の中は，生きる希望やゆめも持てずに，「生きようとする気持ちや意欲・自覚」が萎えている人が多いのではないでしょうか。そんなことを思うとき，「学ぼうとする力」を是非とも大切にして，教育実践をしていく必要が大だと思っています。

Ⅲ　授業に生きる「小さな一歩」を学ぶ

◆ 2 ◆

授業の中における学習形態を，「練習学習」「活動学習」「みがき合い学習」の三つに分けて考える

　学習形態をいくつに分けてとらえるか，やはり議論のあるところでしょう。私は，その形態を三つに分けました。三つに分けていくことが，どういう意味を持つのでしょうか。それは，授業が単調に推移することがあってはならないと思うのです。子どもたちも変化のある学習形態のほうが，集中度の高い授業になると思います。

私たちが日常的にしている授業は，大きく分けて，三つの形態があります。次に示す三つの形態を頭の中に叩き込んでおくと，授業の組み立てに実に役に立ちます。

　まず「練習学習」について考えてみましょう。
　この形態の学習は，算数の計算練習，体育の実技練習，国語の漢字練習など，習熟のために行う学習形態です。習熟するためには，繰り返しや地道な練習が大事なことです。
　社会科の年表などを覚えることも入ります。「授業」ということを改めて考えると，どうもこの練習学習は隅に追いやられそうですが，軽く考えてはなりません。

　次は，「活動学習」です。
　生活科のごっこ活動や制作活動，家庭科や図工の作品づくり，社会科の見学や探検，理科の実験観察など，多様な活動学習があります。活動の仕方もグループ，ペア，個人など，多様な組み合わせができます。
　「活動あって思考なし」などと，悪口を言われることもありますが，そんな考え方は問題です。「活動している」ということは，思考していると考えるべきです。

　三つ目は，「みがき合い学習」です。
　これは，いわゆる「話し合い・聴き合い」をする授業です。授業が集団活動で行われる以上，仲間の中で学びをすることが基本です。
　ことわっておきますが，「発表学習」ではありません。互いに考えややり方を伝え合いながら，聴き合いながら，学びを深めていく形態です。

学校は,「合校」であり,「学び合いの場」であるという意味が大事にされなくてはなりません。「自ら進んで……」という研究テーマが掲げられたことも,多くの学校でありました。
　この「自ら……」は,「独りだけで……」という意味では決してありません。仲間と切磋琢磨することが大事なことであると再確認してこそ,この世の中に生きる人間を育てることにつながります。

　授業は,この三つの学習形態の「組み合わせ」で成立します。バランスのいい組み合わせが,いい授業の条件です。
　一つの学習形態で1時間の授業を行うのは,単調な授業です。子どもたちは飽きてきて,疲れます。
　子どもたちが授業に参加したくなる,やる気になる,歯を食いしばってがんばる授業にするために,どう組み立てていくか,私たち教師の腕の見せ所です。

3

つまずいても，立ち上がるチャンスのある「授業構成」を心がけたい

　授業をするということは，子どもたちが跳べそうなハードルを仕掛けておいて，それを少しがんばってクリアしていくことに似ています。
　そんなとき，一度で跳べるとはかぎりません。何度も何度も失敗することもあるでしょう。それでも再挑戦する機会のある授業がうれしいものです。

III　授業に生きる「小さな一歩」を学ぶ

　ある授業を参観していたときのことです。その授業を見ていて，とても恐ろしい光景を見たような気がして，自分もそうではなかったかと懺悔するような気持ちになりました。それは，活躍する子どもたちが，決まっているのです。やれる子，できる子は大手を振って得意満面でした。それに比べて，やれない子，できない子は沈んでいました。いや，ほんとうにやれないのか，できないのか，それはわかりません。とにかく「できる子中心の授業」でした。教師もできる子，わかる子，やれる子に頼ったような授業でした。つまずいたりしたら，教室中から嘲笑的な雰囲気が高くなっていくのです。こんな教室は，とっても息苦しさを覚えますし，冷やかな孤独感を味わいます。

　授業というのは，できない子，やれない子，わからない子が，わかろうとする動きを支援する場ではないのでしょうか。まちがえたり失敗したりすることを許してくれて，「今のまちがいは，とってもおいしいまちがいで……大事なまちがいだから，すごいよ」と逆手にとって激賞してくれるような教室だったら，どんなにか子どもたちは，やる気になるのではないのでしょうか。

　子どもたちの「やろうとする」意欲や自覚に火をつけることが，教師の大きな大きな仕事だと私は思います。はじめからできる子を頼りにして，「ねらい」を達成したかのような授業は大問題の授業です。それに加えて，いつもいつも授業での指名の仕方に一定のクセのある教師もいます。はじめは，よくわからない子どもでも発言する子，いわば前座を務めるような子どもへの指名です。そして中頃に指名していく子ども。最後はトリを受け持つ子どもの登場です。真打登場とでもいうのでしょうか。そんな授業を毎日毎日させられている子どもたちは，もう教師の胸の内を見抜いています。「どうせぼくなんか……」「私はやっぱりダメなんだ」と。悲しいそして厳しい差別教育でもありますね。

◆4◆

発言のルールを教えよう

　授業はコミュニケーションの場でもあります。互いの考えや願いを通い合わせてこそ、授業の価値も高まります。
　そのためには、コミュニケーションを支える発言ルールを互いに共有することが大事なことです。互いにみがき合い、高め合うためにも、ルールを会得させていきましょう。

どこの学校へいっても，各教室には，「発言のやくそく」が表になって掲示されています。でもその活用となると，かなり曖昧です。ほとんど掲示してあるだけで，子どもたちの発言に反映されていない教室も多くあります。それは，授業者である教師が，「なぜ発言ルールを子どもたちに会得させないといけないのか」の意義が見えていないのではないかと思います。

　発言ルールは，子どもたちがコミュニケーションを成立させる武器です。

- ぼくは，誰々さんに似ていて（同じで）……だと思います。
- 私は，誰々さんにつけたして（つけくわえて）……です。
- ぼくは誰々さんとちょっとちがって……だと考えます。

　この三種類の発言ルールをきちんと習得させると，授業が見違えるように変わってきます。私たちは，この三つを称して「つけたし発言の奨励」と啓蒙しています。よく「かかわり合いの授業を模索しているのだが，なかなかかかわれない」と嘆く教師がいますから，私はこの三種類の「つけたし発言」をお勧めしています。子どもたちが，前の発言者につないで発言するようになってくるのですね。つないでもらったことによって，前発言者も自分の存在感を持つことができますし，「学びの共同体」という意識を高めることができます。

　さらに少し進んで「今の発言とは直接関係ないけれど，」「前に戻るんだけれど」などの応用編を加えていくと，多様なコミュニケーションになります。

　また，「ちょっと予想していうんだけれど，たぶん……ではないかと思います」「きっと……だと思います」というような発言の仕方も子どもたちの思考活動を多面的で多様な広がりにしていきます。是非試していただきたいなと思います。

5

「私の願い」のある授業をしよう

　授業は，授業者の願いと責任の中で行います。研究授業になると，共同立案ということで，学年会や教科の部会で指導案検討を行います。

　そんなとき，授業者の当初の指導案が跡形もなく切り刻まれてしまうことがあります。朱書きだらけの指導案になるのです。これはいいことなんでしょうか。

Ⅲ　授業に生きる「小さな一歩」を学ぶ

　公開授業や研究授業の指導案は，私の願いを浮かび上がらせてこそ，意味ある授業研究になると，私は思っています。
　ある小学校での，授業実践の事前検討会が，行われているのに参加しました。20名内外の教師たちが参加しての事前検討会です。なかなか大規模な形でやるんだなあと思っていました。

　この学校のやり方は，まず最初に授業者が，一応の構想の概要を話します。そのあとの協議会では授業者は一切言いません。授業者以外の教師たちが，自分なりにその指導案を読んでの感想を語ります。ある教師は「子どもたちの実態から」ある教師は「題材の吟味から」。しかし，その授業者は一切弁解も質問にも答えないままに終わりました。その間，約1時間でした。

　私が，「なぜ授業者は話し合いに加わらないのか」と尋ねると，校長さんが，「授業者はみんなの意見を聴いて，それを参考にして，自分の授業をどう展開するか決断するのです。誰の意見を受け入れて，誰の意見にははずれるけれど……すべて授業者は，みんなの意見をあくまで『私の願い』を実現するために，拝聴して終わるのですね。どんなに優れた教師の発言であっても，その教師の『読み』がほんとうに的確であるかどうかはわかりません。子どもたちが違うと授業も違います。それに何よりも，授業者の願いまで変えてしまうようなことになったら，たぶんどんないい提案であっても，その授業者は消化不良を起こして，授業を頓挫させてしまうことでしょうね。だから，どんな授業をするかの最終決断は，その授業者にゆだねられるのです。そういう決断をするために，思い悩むところに，その授業者の成長があると，私たちは考えています。」私にはとても納得できる話でした。

私も授業者によく問うことがあります。それは「あなたはどんな授業をしたいと考えているのか」「あなたのこの授業にかける願いは何か」ということです。

　ベテラン教師が新任を指導するとき，確かに踏み込んで「この授業にかける願いの吟味」から，指導助言をすることもあります。「私の願い」が持てない授業者もいるのですね。でも，本来は，そこはたとえどのような稚拙な願いではあっても，まずは授業者である教師の考えを尊重して指導助言をしないと，授業者の成長は到底見込めません。

　繰り返して言います。私たち教師は，「授業公開」とか授業研究を行うとき，ふだんやることのないほどの時間と労力を使って，学習指導案を吟味します。その場合，大切なことは決して「すばらしい指導案を作成すること」であってはなりません。授業をする当事者の教師が，「私はこの授業で何をやりたいのか，何をやるべきなのか」をはっきり自覚できることこそが，大きな目標です。ぼんやりかすんでいた「私の願い」がはっきりする，「私はこれをしよう」と決断できることです。

6

「すごいこと見つけ」は，子どもの学習力を高める

　子どもたちが，進んで「学習しよう！」と動きだすためには，どう働きかけていけばいいのでしょうか。そんなことをずっと考え，試行してきました。
　「見つけ学習」の基本は，「見つけよう」という呼びかけで始まります。「心に残ったこと」「すごいなと思ったこと」「変だなと思ったこと」とにかくこだわったことを軸にして学習を進めます。

ある授業実践の学習会で,「見つけ学習で『心に残ったところ』を見つけましょうと言われていますが, そんなこと低学年では難しくないですか」という質問を受けました。確かに「心に残ったこと」と言っても子どもたちには, なんのことかわからないかもしれませんね。
　私は,「確かにおっしゃるとおりです。でも心に残ったことって, 本を閉じても覚えているところだよ, とか, もう一度大きな声で読んでみたいところだよと言ってあげたらどうでしょうか」と話します。そうすると,「ああそういうことですか。やってみます」と言われます。

　「見つける学習をしよう」は, いままででも言い尽くされてきたことです。それでもあえて「見つけ学習」と銘打つのは, 子どもたちの「やろう！」とする気持ちに火をつけてみたいのですね。「すごいこと見つけ」「すごいことさがし」など, 言い方はいろいろあることでしょう。子どもたちの心にひびいた「すごいな！」と思うことを大事にして授業を組み立てていきたいのです。

　理科の観察・実験には, 不思議な「すごさ」がいっぱいあります。でもぼうっとして見ていたら何も気づきません。社会科のたんけんも同じですね。商店の見学にいっても, ただ無目的に歩き回っていては見えてきません。「この店のすごいところ見つけをしよう」と働きかけるだけで, 子どもたちの「たんけん」に立ち向かう姿勢が一変しますから, 不思議です。だまされたと思って,「すごいこと見つけ」をやってほしいなと思っています。

　意識して学習対象に迫るワザを教えてやることが大事なことです。国語の「ごんぎつね」でいたずら好きなごんの「いたずら見つけ」も大事な読みの学習につながります。「どうぶつのはな」の説明文で,

Ⅲ　授業に生きる「小さな一歩」を学ぶ

「かばのはなのすごいところ」さがし,「ぞうさんのはなのすごいところ」を見つけることは,その子なりに学習することのたのしさを教えていくことになると思います。

　「見つけ」学習への取り組みは,子どもたちの目をキチキチしたものにしていきます。それは子ども主体で,問題解決学習に挑む姿です。

　「見つけ」学習を進める場合,まず,「三つ見つけてください」というように数を示します。子どもたちはその呼びかけに「ちょっとした変化」や「何気ない状態」を見逃さないようになります。
　数で勝負することが定着してきたら,「その中で,一番すごいと思ったことに,◎をつけてください。そして,どんなふうにすごいと思ったか書いてください」と言います。
　授業の中で,自分の一番すごいと思ったことを出し合い,比べ合いながら,互いの思ったことを語らせるのです。「見つけ」学習は必ず子どもたちの学習へのやる気に火をつけます。

7

子どもの発言を復唱しない，大きくうなずき，受け入れる

　何度も言いますが，教師は，子どもの発言を復唱してはいけません。復唱すると，「先生がどうせ繰り返してくれるから」と友だちの発言に耳を傾けなくなります。
　その代わり，子どもに「今，誰々ちゃんの言っていたこと，聴こえたかな」と言って，復唱を求めることはしましょう。よく聴く子を育てるためです。

Ⅲ　授業に生きる「小さな一歩」を学ぶ

　授業中，子どもが発言するたびに，子どもの言ったことを繰り返す教師がいます。癖になっていると言っていいでしょう。子どもの言い方は，声の小さいこと，ことばが足らずによく内容が聴き取れないこと，など，確かに繰り返したくなる教師の気持ちもわかります。

　しかし，そういうやり方を常態化してしまうと，子ども同士で聴き合うことをおろそかにしてしまいます。教師は，ひたすら「なるほど」「そうか」「すごいねえ」「それでみんなどうかな」と交通整理をする役割に徹してほしいのです。

　声の小さい子どももいます。声のボリュームを掲示して，「今は3のボリュームで話をしようね」と働きかけていきましょう。

　聴く側の子どもには，今誰が話しているか，見届けて，その子の方を向いて聴かせるようにしていきましょう。

　このことは，一種の習慣です。そういう学習規律を確立することに，根気強く取り組む教師であってほしいです。

　発言方法や，学習規律として，掲示してあっても，ふだんの授業の中で担任教師がこだわらず，ほったらかしにしておけば，子どもたちには，身についていきません。面倒でも根気強く根気強く指導を繰り返していかないと成立しません。

　このような学習規律，発言方法，ハンドサインなどは，学校である程度の統一をしたやり方を実践していくと，子どもたちの「学びの方法」が，学年が進むにつれて充実したものになっていきます。逆に学年や学級でまちまちであれば，いつも新年度当初に，それぞれの学級担任が苦労して教えていくことに，二重三重の苦労がかさんできます。子どもたちも，そのたびにやり方や方法にばらつきがあると，混乱して成果につながりにくくなります。

8

授業の核心に迫ったとき，じっくりと「立ち止まって」考える時間をとりたい

　よく「学習問題の成立」ということが話題になります。その時間の中での一番学ばせたいこと（ハードル）への挑戦です。
　子どもたちのこだわりと，教師の授業へのねらいとの接点を探り，瞬時に判断して，「ここぞ」というときに，「立ち止まり」ます。立ち止まって，子どもたちを共通の土俵に上げて，考えを深めていく，練り上げていくのです。

Ⅲ　授業に生きる「小さな一歩」を学ぶ

　授業には，昔から「導入，展開，終末」という三段階が言われてきました。本時の授業の山場は当然のことながら，「展開」の段階になりますね。この展開の中で，それぞれの子どもたちが，活動したり練習したりして，やがて本時の最も山場のハードルを意識するときがきます。

　その山場は，かねて教師が願っていた展開になる場合もあるでしょう。しかし，まったく予想もしない展開になる場合もあります。いや，実際に授業を「子ども主体に」進めていくと，その多くは予想もしない点で，子どもたちが，こだわり，問題にしていきそうな雰囲気になります。そんなときは，教師はあらかじめ予定していた指導案を変更して，子どもに寄り添いながら，授業を山場へ導いていかなくてはなりません。

　その山場のハードルこそ，「本時の学習問題」といえましょう。その場合，教師は，まず学習問題を子どもたちに周知徹底するために，しっかり「立ち止まり」をすることです。

　コンビニの学習をしていたとき，その売り方を弁当の売れ具合で見ている子どもがいました。「弁当は，あまり多く仕入れると，売れなくなったとき困るから，少なめに仕入れている」という発言から，「コンビニのおねえさんは，何をもとにして，弁当の仕入れをしているか」が話題になりました。教師は，弁当に関心を持って見ていない子どものいることを察知して，店内のビデオを見せました。その上で，「さあ，コンビニのおねえさんは，どんなことを考えて弁当を仕入れているか，予想をしよう」と発展させていったのです。

　その教師は，そこで時間を5分とって子どもたちに「予想」の書き

込みをさせました。いわゆるこれが「立ち止まり」です。一緒に考える土俵を築いて，子どもたちに参加の余裕を与えました。考えの足場をつくったともいえます。その上で，話し合い（学び合い）を展開していきました。

　ひとつの事例では，はっきりととらえることができないでしょうか。授業を進めていくと，子どもたちの「見つけ」や「こだわり」が各所に及ぶ場合が多々あります。そんなとき，「どの見つけやこだわりで勝負するか」を判断することです。そして，その判断をした段階で，「立ち止まり」を設定します。いろんなことに関心を持っている子どもたちにも，「この時間の今はこのことを考えよう」と意識させて，態勢をつくることです。どの子にも，その問題に加わって参加して考え合うことができるようにしていくことです。それを私たちは，「立ち止まり」と呼んでいます。教師の打つその授業における最大のくさびです。

Ⅲ　授業に生きる「小さな一歩」を学ぶ

◆ 9 ◆

授業は，教師の予想もしない方向に動いて当たり前と思いたい

　教材研究をかなりして，それなりに執着して「指導案」を練り上げて臨んだ授業にもかかわらず，思わぬ子どもの出方に，頭が真っ白になることもたびたびあります。授業の展開の「読み」が，まったく外れてしまうことです。綿密に練り上げても，そうなるのです。
　それは，「子どもたちは生きている」ことの当然の成り行きではないでしょうか。

ある教師が，1年生の生活科の授業をしました。「公園で遊ぼう」という単元でした。学校の近くにある「こまどり公園」で遊ぶ計画を立てて遊びました。子どもたちは，木のぼりをしたり，砂場で遊んでみたり，虫さがしをしてたのしんだり……それなりに大いに活動的に動いたのです。ところが，子どもたちにとって，公園で遊ぶことはたのしいはずなのに，小さなけんかがあっちこっちでありました。
　教師は，授業を構想するにあたって，「けんか」が気になっていました。だから，教室での授業は「けんか」を話題にして行おうと考えました。指導案もそんなことを考慮に入れながら，作成しました。
　しかし，私たちがその授業を参観してみると，子どもたちはまったく「けんか」を話題にしないのです。指導案の構想は大幅に狂いを生じました。ところが，授業者である担任教師は，まったく動じることなく，「けんか」が話題にならなくても，笑顔で授業を続けているのです。
　授業後の協議会で，真っ先にそのことが話題になりました。「なぜ，先生は，けんかが話題にならなくても，あんなに落ち着いた顔つきで悠然と授業を進めることができたのですか」という疑問が集中砲火のように，他の教師から出ました。授業者の教師は，少し笑いをこらえながら言いました。「それはですねえ，私はこれまでいつも授業をするとき，『指導案』での構想が頭から離れませんでした。だって事前に練りに練って作成したものですから，愛着もあります。大事にしたい気持ちが強いのです。でも，今回はそうしませんでした。指導案はみなさんにもお配りしたように書きました。だけど，私としては，指導案は，教室に持っていくことを止めました。指導案を職員室に置いていくことにしたのです。」もうみんな爆笑です。真面目に授業者の先生の言った「指導案を職員室に置いていく」は，それからその学校の合言葉になりました。

Ⅲ　授業に生きる「小さな一歩」を学ぶ

◆10◆

待つことの大切さを精進しよう

> 「教師には，待つことが苦手な教師が多い」と言われます。せっかちだともいえます。先を急ぐ教師が実に多いのです。
> 子どもたちを「授業というバス」に乗せるためには，「待ちの姿勢」を修練しなくてはなりません。それはひたすら我慢に近いことです。どんなときに，どんな待ち方をしたらよいのでしょうか。

6年の国語の題材に「海のいのち」という読み物教材がありますね。立松和平さんの作品です。主人公の太一が，漁師の父親が死んだあと，自分も漁師になるために，与吉じいさの弟子にしてくれと頼みます。その場面を学習しているときのことでした。音読を終えた後，教師は，与吉じいさに弟子になっていく太一の心情をたどりながら，進めようとしました。教師は挙手を求めました。
　ところが，数名の子どもが手を挙げただけです。「そうか，まだ準備はできていないかな。一度手を下ろして，……」そうしてまたしばらくして挙手を求めました。それでもまだ人数は10人に満たないのです。教師はまた子どもたちの手を下させて待ちます。そうして4回目のときに，16名の子どもたちが挙手して授業は始まりました。

　私たちは，この教師の「待つ姿勢」から，何を学ばなければいけないのでしょうか。難解な作品であるだけに，子どもたちの挙手は揺れています。挙げようかやめようか迷うのです。そこを教師は促して「待ちに徹する」のです。簡単に一部の子どもが乗車して「発車する」授業をしてはならないというのが，その教師の信念です。こういう意欲と自覚を育てる「待ちの姿勢」を持たないままに，授業を進めていく荒っぽい教師もいます。子どもたちが「参加」しているのかどうかが気にならないのでしょうか。

　その授業の中で，「『千匹に一匹とればいいのだ』と独り言のように語ってくれた」ことを太一はどう考えていたのか，読みは山場に入っていきました。その教師は，ここでも子どもたちをぐるりと見渡して，「少し自分で考えを書き込んでください」と言って時間を5分とりました。子どもたちは，前の場面に結びつけて考えだす，何度も何度も音読する，隣の子どもと語る姿，と多様な動きを生み出していきまし

Ⅲ　授業に生きる「小さな一歩」を学ぶ

た。それは山場での「立ち止まり」を教師が仕掛けていったことになります。その仕掛けに乗っかりながら，授業は少しずつ動いていったのでした。

　待つということは，「ここぞ」という瞬間を見逃すことなく，「待つことの勇気を持つ教師になる」ことです。それはいたずらにだらだらした時間を費やすことではありません。子どもたちとアイコンタクトをして，表情を見抜き，仕掛けていくことです。まさに教師の「職人芸」ですね。「そんなことは自分には到底できない」と思ってはなりません。がんばって精進してほしいものです。

　「待つ」時の教師の顔つきは，とかく険しい顔になりがちです。こんな時こそ，「教師は演じなければならない」ということばを思い出してみましょう。

　子どもたちがつまずいたり，混沌とした状態になったりした時ほど，「待つ」ことの意味が出てきます。

　さあ，私たち教師は「今日は授業の中で何回じっくり待つことができたかな」と，ゆっくりふり返ることのできるひとときを持つように精進しましょう。

◆11◆

授業での「学び合い」は，呼吸法を体得することである

　私たちは，つねに呼吸をしています。無意識のうちに呼吸をしています。でも心臓の鼓動や消化器官のコントロールと違って，意識的に，深呼吸をしたり丹田深く息を吸い込んだりすることができます。「学び合い」もこの呼吸法と似ています。意見を言う（「吐く」）意見を聴く（「吸う」）ことです。

Ⅲ　授業に生きる「小さな一歩」を学ぶ

　授業実践をしていく場合，まずは「授業の中で発言できる子どもの育成」に，教師は力を入れます。学びの意思表示であり，自分の考えを表出できる子どもにしていくことです。それは極めて重要なことですから，教師であれば，みんなそのことに力を入れます。「ひとり調べ」をさせたり，「見つけ学習」をさせたりすることも，実に自分の考えを持って授業に臨む態勢をつくるのですね。

　しかし，そのこと（発言できることに重きを置くこと）が，とかく発言だけすればいいという安易な雰囲気，発言できることが学習の中心であるという価値観を，子どもたちに植え付けてしまうことにもなります。
　私たちは授業の中で，「おしゃべりマン」を育てていくことに意味があるのでしょうか。そうではないはずです。互いに考えを出し合い，聴き合いながら，学ぶことこそが重要なことです。呼吸で言うならば，意見を言う「息を吐く」（呼）ことと，人の意見を聴く「息を吸う」（吸）になるべきです。
　意見を言うことは，誰にも見えることです。しかし意見を聴くことは，なかなか見えません。それが見える教師は，子どもたちの聴く姿勢に強い関心を持ちます。

　私たちは，授業の中で，発言が飛び交う，発言のキャッチボールを行うとき，「聴く」（受ける）ことに意識を持たなくてはなりません。それは，子どもたちが，「反応する」ことを促していくことです。私たちは授業の中で意見だけではなく，資料を見たり実験をしたりも含めて，意思表示つまり「反応する」ことを，子どもたちに求めていきます。それはことわっておきますが，他の子どもたちが一斉に「サンセイ！」とか「イイデス！」と唱和することではありません。ハンド

107

サインやうなずきを持って，意思表示をしていくことです。そして自分なりの考えを稚拙ではあっても，言うことのできる子どもにしていくことです。

「誰々さんに似ていて……」「誰々さんにつけたして……」「誰々さんとはちょっと違って……」という「つけたし発言の奨励」でも記した方法を持って，「反応すること」を教えていきます。これはまさに呼吸法そのものです。
　吐く，吸うを繰り返しながら，私たちは学びを深めていくのです。

　授業の終末で「学びの感想」を書かせることも，「この授業の中で何を栄養として吸収することができたか」意識して取り組ませることです。呼吸の浅い子には，深呼吸をさせます。深く深く息を吸い込み，しっかりと吐くことを教えます。それが学習法につながります。

Ⅳ
やる気と自覚に満ちた「学級づくり」の一歩

　学級崩壊ということばが,流布して何年になるのでしょうか。それは昔からあったことなんでしょうか。「指導が入らなくなる」,「親や教師を乗り越える」子どもの出現は,以前にもありました。ただそれが学級全体に及んで,担任が交代するような事態まで発展することは,なかったように思います。

　教師が心身症になって,療養休暇や退職に追い込まれる数値も報道されて,学校現場の苦悩ぶりを浮き彫りにしてきました。

　今,私たち教師は,これまでの学級づくりのノウハウに安住することなく,新たな視座に立って,実践を更新していくことを求められています。

　子どもたちの反乱,親の造反は,もう一度「教師としての学びという基本を見直せ」と激しく迫っているともいえます。

　どんな仕事であっても,窮地に陥ったら,基本に戻れ,原点に還れと言います。そんなことを自らに戒めながら,やる気と自覚を高める学級づくりの在り方への,確かな一歩を歩み出さなくてはなりません。さあ,一緒に歩きましょう。

◆1◆

信じることから，すべては始まる

　「だまされても信じることが，教師の仕事」と言った人がいます。担任教師は，毎日の学級づくりの中で，「今日はすごく納得！」またある日は「なんで？　こんなにも……」と一喜一憂の日々です。それが普通の担任の心境だと思う方がいいと思います。
　あまりに期待することは，教師のご都合主義です。「信じて，信じて，信じること」が，子ども理解の最優先事項です。

Ⅳ　やる気と自覚に満ちた「学級づくり」の一歩

　J教師は，自分の短気な性格が，ほとほと嫌になっていました。「なんで自分は，こうもせっかちなんだ！　頭を冷やせ！」と自分に強く当たります。J教師は，その学校でも飛びぬけて生真面目な性格です。毎日毎日，遅くまで，子どものノートを見たり，明日の授業の準備をしたり……それはそれは，真面目を絵に描いたほどの教師です。

　それでも，学級経営が，どうにもうまくいかないのです。「オレはこんなにやっているのに，何で子どもたちは，あんなにもオレに反発するんだ」「他の先生は，ゆうゆうと動いているのに，オレはもともと教師に不向きな資質なんだろうか」と自問自答する毎日でした。

　そんなJ教師の動きを見ていて，先輩の教師が声をかけてくれました。「おい，今夜いっぱい飲みにいこうか」と。

　「J君，君はあせっているな？　そうではないか」先輩のことばに，腹の中を見透かされた気持ちでした。「そうなんですよ，情けない心境です。オレはダメなんですよ，不器用だから」なんだか，その晩は，先輩の誘いに連れられて飲み屋のハシゴをしたのでした。「先輩！オレってダメなんですよね」を繰り返すJ教師に，先輩教師は，「おまえは，子どもを信じているか。信じていないだろ！　どこかで，期待ばかりしていて……」J教師は，ハッとしました。「えっ，オレってそうかな」そう思うと，子どもの顔が浮かびます。〈そうかもしれんな〉そんなことが頭に充満します。「J君，教師っていうのはな，真面目だけではやれないんだぞ。むしろバカな奴のほうが教師には向いているのだ。おまえは，どこかで子どもを指導している気持ちが優先して……それで，許せないのだ。子どもたちが，信じ切れていないのだ。オレもそうだったよ。おまえを見ていると，若いころのオレそっ

くり。つまり教師として模範な人間像を描きすぎるのだ。だから，奴らが信じられないのだ」そんな先輩の一言が，自分の心に大きなメスを入れてくれたように感じたのでした。

　教師は，不思議な職業です。昨日まで学生の身分で，ある日突然教師になったとたん，生真面目に動き出す種類の動物です。自分が子どもの頃を思い出すと，いつも教師をからかっていたり，遊んでいたり……そうだったよなということが，次から次へと思いだされてきました。「J君，子どもと遊んでやれ！　子どもにだまされてもいいから，信じてやれ」昨夜の先輩の声が，頭の中でこだましていました。

　教師は，指導者である前に，一人の平凡な人間である自分を意識することです。そして，子どもを信じていくことです。たとえ，子どもがうそを言って教師をだましても，だまされてやることを演じることのできる人間になるべきなのです。そこから，すべてのことが始まるのです。

Ⅳ　やる気と自覚に満ちた「学級づくり」の一歩

◆ 2 ◆

内観まがいの手法を会得しよう

　学級を担任すると，どうにも担任である自分と，相性の悪い子どもがいます。不思議なくらいその子の姿を見ると，ずるがしこく見えたり，表面だけ繕うような二面性を見たり……とにかくわずか10歳前後の子どもに，そんなにカリカリしてはならんと冷静に考えてみれば，思うことなのに……。

小学校で6年過ごして，中学校へ転勤したM教師は，中学1年生の担任になりました。入学まもなく，5月に入って山の学習がありました。二泊三日の宿泊学習です。小学校で過ごしてきた子どもたちに，「中一ギャップ」を無事に乗り越えるべく，企画運営されている年中行事です。

　M教師には，学年の他の先生には言えないことがありました。それは，どうも自分の担任している子どもたちの二人の男女が，好きになれないのです。生意気盛りの鼻っ柱の強さを持つ男子。何かといえば，ヒソヒソ話をしている女子の一人。どうにもその二人の振る舞いを見ていると，許すことができないような，胸苦しさを覚えるのでした。

　中学1年といえば，みんな生意気盛りには違いありません。少し大人の仲間に入りかけている雰囲気を漂わせています。でも他の子どもは気になりません。それなのに……。M教師は，その晩のミーティングでそのことを，話題にしてもらおうと，決心しました。学年主任の教師は，「M先生，よくぞ，そういうことを言ってくれましたね」と言って，みんなの意見を出し合いながら，話題に乗せてくれたのです。

　I先生が，「ぼくは，以前生徒指導にいき詰まって……教育相談の方法がよくわからなくて，心理カウンセラーの先生に相談にいきました。でもはっきりとした納得解が得られませんでした。」「そこで，家の近くにある禅寺の和尚さんに紹介されて，内観法をしているお寺にいきました。前々から，内観法はうすうす知っていました。でも体験するのは初めてでした」I先生の話は続きます。「そこの内観を指導する人は，私の前に紙と鉛筆を用意したのですね。そして，『あなた

Ⅳ　やる気と自覚に満ちた「学級づくり」の一歩

が，生徒指導で困っている生徒のいいところを，夕方まで書き続けなさい』というのです。えーと思いましたよ。そんなん書けるわけがないと思いましたよ。でも書き出しました。そして，昼食が終わっても書くのですね。午後の3時ころになった頃でしょうか。100個くらい書き出しました。」学年の先生方は，「へえー，100個も」と驚いています。「そうなんですよ，100個くらい……その頃でしたね。なんだか知らないけれど，涙が出てきたのですね。書いている生徒は，何も私を憎んではいない。食事も満足に食べることのできない彼の生活が無性に不憫に思えてきましたね。それなのに，私は困った奴だと片付けてきたのです。」M教師は，I先生の話を聞きながら，自分の今の心境と酷似していることに気づきました。

　M教師は，山の学習を終えて帰ると，さっそく家に籠って，二人の子どものことを内観法のまねごとでやってみました。あれも悪い，これも悪い，そのことも許せないと思っていたことが，次第次第に氷解していくのに気づかされていったのでした。M教師は思いました。〈自分の心の縛りが，もうがんじがらめにあいつを悪い奴，気に食わぬ奴と思ってしまったのだ〉それはM教師にとって，新たな心眼を得た気持ちになりました。

◆3◆

「級訓を変える」という発想を持とう

　「学級づくり」の常識なるものがあります。4月には，級訓を子どもたちと一緒になって創り上げること，それはめざす子ども像であり，学級像ですね。
　その級訓も，「活用」という視点からみると，はたしてどんな活かし方，意識のされ方になっているのでしょうか。そんな点への着眼の仕方に，その教師の学級経営が見えてきます。

IV やる気と自覚に満ちた「学級づくり」の一歩

　級訓は，4月の学級開きの一番はじめに作成するもの，という意識が教師にはあります。それは，学級の係活動，班編成，座席配置，などと同列になって，学級の立ち上がりに行います。
　ところが，座席配置や係の役割は，学期ごとに編成するのに，級訓を変える学級はあまりお目にかかっていません。
　私は若い頃，学級経営をする中で，「級訓の見直し」を意識してやってきました。級訓は学級の大きなめあてです。めざす方向を大きく指し示すものです。その級訓が，絵に描いた餅になっていることはないでしょうか。

　ある年，6年生を担任しました。その学級の級訓は，多くのことばの中から，「スクラム」が選ばれました。「みんなでいい小学校生活最後の日々を，みんなで『この教室でよかった！』と思えるような団結力ある学級にしよう」というものです。級訓としては，平凡なものですが，それなりに子どもたちの推薦も多数を占めて決まりました。

　ところが，6月頃になっても，その学級はピリッとしません。もめごとが絶えないのです。一番いけないのは，男女の仲が極端に悪いのです。その影響は授業中にも覇気のない，どこか「学び合う」雰囲気とは，程遠いものでした。私は，そんな様子をなんとか立て直そうと動いたのですが，確かな成果になりません。逆に険悪な空気が漂うようになりました。

　ある日の授業のとき，私は級訓を取り外して，子どもの前でビリビリと破いたのです。子どもたちは，あっけにとられています。先生は何をするだろうか，と怪訝な顔つきです。みんなで描いたレタリングも鮮やかな「スクラム」の級訓の掲示物は，大きく引き裂かれたので

すから。「先生！」「先生，どうしてそういうことをするのですか」子どもたちは，興奮して言います。私は，子どもたちを見渡しました。そして，静かにほんとうに意識して冷静に，「この級訓がかわいそうだ」とポツリと言ったのです。「なぜ，先生が破いたのか，考えてごらん」「先生がいるとできないだろうから，自分たちだけで考えてみてごらん」と。

　その後の学級の雰囲気は大きく変わりました。子どもたちの中に，「スクラム」の自覚が高まっていったのです。新しく描かれた級訓は，「すくらむ」になりました。カタカナからひらがなへ。その中身に何がこめられたか，それは言うまでもありません。子どもたちは，それから学級の中で，いじめやけんか，様々なトラブルのあるたびに，級訓を意識して，「自覚ある」取り組みをしていったのです。

　どんなことでも，学級経営の中で退治しないといけないことは，「マンネリ化」を防ぐことです。子どもたちのやる気と自覚を促す働きかけが，どうしても必要です。ときには荒療治で，対処しなくてはならんこともあります。学級づくりは，一進一退の攻防を繰り返しながら，子どもの成長につながっていくものでありたいなと思います。

◆ 4 ◆

学級には「ルールが必要だ」の自覚を考えさせよう

> 子どもたちが学級生活をしていく中で、よく言うことばがあります。それは何かやるときに、「自由がいい」「自由にしてほしい」ということばです。
> 校則や学級のきまりを極端に嫌がるのです。そんな決めごとを作ると、「何でいけないのか？」「どうして？」と反発の声が出ます。いったいどうしたら、いいのでしょうか。

N先生は，一年に一度やることがあります。その年は，中学2年生を担任していました。中学校の難しい学年が，この2年生という学年であることは，一度でも担任を経験したことがある教師ならば，実感することです。N先生は，やはりその年も学級経営に四苦八苦していました。無気力さもさることながら，縛られることを嫌がる風潮が蔓延しているのでした。

　ある日のこと，N先生は，校長室から，六法全書を借りて教室に持ち込みました。子どもたちは，何事だろうか，何を先生は持ってきたのかなという興味を示す雰囲気になりました。「みんな，これは何だと思う？」教師の問いかけに興味はあっても，声は出ません。「そうか，見たことないか」N先生はそれを子どもたちに廻して見せることにしました。「すげえ，細かい字じゃんか」「なんだ，これは難しいぞ」「あっ，法律だ！」そんな様々な反応が出ました。

　一通り廻したあとで，N先生は，口火を切ります。「これは，六法全書というものです。みんなも3年生になると憲法を本格的に学ぶのだが，それもこの中に書いてある。みんなはよく自由がいい，とか，自由にしてほしいと言うよね。あれって，何でそんなことを言うか，私にもわかるような気がします」先生の話の調子がいつもと違うなと，子どもたちも感じ始めています。「ここには，今の日本の中での法律の大部分が記載されているのだよ。この法律は憲法に始まって，民法，刑法など様々だ。その目次のコピーを持ってきた，見てください」N先生は法律の名称の書いた目次をコピーして，子どもたちに手渡しました。

　子どもたちは，「難しそうだなあ」「なんだ，これ」と浮かぬ顔。N

Ⅳ　やる気と自覚に満ちた「学級づくり」の一歩

先生は話を続けます。「今の日本は，民主主義の国，平和な国をめざしている。でも世の中には，様々なことが起きたり争うこともあるのだね。そんなとき，弱い立場の人間，正直に生きている人間が，損をするような世の中にはしてはいけないのだよね。だから，みんなの自由や平等，福祉などの幸せの条件を満たすために，こんなにも法律があるのだ」ここまで話すと，子どもたちも真剣になってきました。

　「学級の中でも，みんな自由がいいというよね。でも，その自由は，強い者だけがわがままにやっている自由であってはならんと，先生は絶対に思う」Ｎ先生は毅然と言います。「弱い立場の人，苦しくつらい立場の人が，守られることが大事なことだ」Ｎ先生の話は，そこで終わりました。Ｎ先生は，子どもたちに今日の授業の感想を書かせます。そして，その中身にどんなことを書いたのか，着目していきます。「学級にはルールが必要だ」という自覚を促すには，彼らは，普通の話では納得解を得られないのです。このようなＮ先生の学ばせ方は，その学級の規律と自覚を生み出すのに欠かせない営みであったのでした。

5

「みがくこと」の大切さを洗脳しよう

　「みがく」ということばの持つ清々しいひびき。「掃除」を「みがき活動」と言い換えることによって，子どもたちの心に浸透する何かが，変わっていくのです。裸足になって，素手で便器をみがくことの体験は，そのまま「自らの心をみがくこと」につながっていくのです。

Ⅳ　やる気と自覚に満ちた「学級づくり」の一歩

「みがくこと」に汗を流す体験がもたらすもの，それは，子どもたちの心をみがくことに通底していくのです。

　S先生は，新年度を迎えるたびに，新しく入る教室の掃除をします。入学式・始業式前日の仕事にしています。S先生が，そんな取り組みをするようになって，もう10年以上になります。家から毎年自分で縫った雑巾を，5枚持ってきます。入学式・始業式前日の公務が終わった段階で，明日は自分の担任する子どもを迎える教室にいきます。そして，机と椅子を後ろに下げて，ほうきではき掃除をします。そのあとは，床に這いつくばって，ひたすら床みがきをします。

　こんなことを教えてくれたのは，自分が小学校の頃のことでした。担任の先生が，床をふきあげている光景を目にしました。その光景が目に焼き付いています。「自分たちのために，一生懸命床みがきをしていた先生の姿。当時の床は木でしたね。ぬか雑巾のようなもので，ごしごし先生が拭いていたのですね。驚きましたよ。ああ，先生はこんなにしてやっているんだ」と。その光景はそのままその先生への絶大な信頼になっていきました。

　やがて，自分も教師になる日がきました。「そうだ，あの先生のしていたことをやろう！」そう思いました。男の自分が，雑巾を縫って，不細工な出来上がりの雑巾で，床ふきをして10年以上が経ちました。
　始業式の日，初めて出会う子どもたちに，昨日床みがき，机みがき，ガラスみがきで黒く汚れた雑巾を見せます。そして，昔話のように，自分が子どもの頃，先生のしてくれた思い出話をするのです。

　S先生は，日課表に，掃除の時間の代わりに「みがきの時間」と位

置づけます。みんなのお世話になる教室，廊下，トイレ，靴箱など，子どもたちは，不思議なほど真剣にみがきます。ほうきを振り回したり，雑巾を投げ捨てたりする子はいません。いつの間にか，教室やトイレを「かざる」ことも始まりました。「流汗悟道」ということばがあります。まさに，子どもたちは，「みがく，かざる」行為を通して，自分の心をみがいていくのでした。

　子どもたちは，掃除をすることを嫌がっている子どもばかりではありません。きれいな教室で，気持ちよく過ごしたいと思っている子どもが，ほとんどです。
　学級が荒れてくると，まず，教室が汚くなります。床が給食の残菜でベトベトしたり，机や椅子の整頓が悪かったり，ゴミなどが散乱していたりと，落ち着きを欠く条件が出てきます。
　私たちは，そんなことに敏感になる担任でありたいと思います。物の豊かさに溺れている今の子どもをとりまく環境であるからこそ，「みがく」営為に意味を見いだす教師になりたいと思います。

IV　やる気と自覚に満ちた「学級づくり」の一歩

◆6◆

「頭ごなし」は，信頼関係を壊すだけ

　突然頭ごなしに，「また，おまえがやったのだな」「やっぱりおまえだろ！」という罵声。そんな罵声が，子どもの気持ちを腐らせていきます。「おまえがやったのだろ！」と言われただけでも深く傷つくのに，「また……」「やっぱり」と言われれば，なおさらのことです。毒矢に射られたごとく，子どもは，やる気を失い，深い悲しみに沈みこんでいくのです。

教師のことばは，ほんとうに「救いの手」にもなるし，「毒矢」にもなると，何度も何度も先輩教師から，言い諭されてきたのに，T先生は，「また今日も，子どもを叱ってしまった」と反省します。落ち込んで職員室に戻っていくと，同僚のP先生が，見透かしたように，「どうしたんですか」と。T先生は，ハッとして事のわけを話しました。P先生は，「子どもを叱ることは悪いことではないよ。いけないことをしたら，きちんとしっかりと叱ってやることが大事なことだよ」と話し始められました。

　P先生の思い出に，たいへん苦い思い出がありました。そのときのことを，今もまざまざと思い出すのです。

　それは，P先生が新任のときでした。学級経営が未熟なP先生は，いつもどこかにあせりを感じていました。いつも学級に，ゴタゴタした事故や事件が絶え間なく起きていたのでした。「子どもを叱ってばかりの毎日だった」と述懐されます。ある時，P先生は，掃除の時間に窓ガラスが割れたことに驚きます。学級は，大騒ぎになっていました。P先生は，その場でガラスを片付けていたA男に，「また，おまえがやったのか！」と一喝したのです。A男は，ぐいとP先生をにらみました。「なんで，先生はオレっていうんだ！」明らかにA男の表情に憎悪の色がにじみ出ていました。「先生，すみません，ぼくです！」B男が謝ります。P先生はしまった！　と思いました。

　いつもいたずらが過ぎるA男がガラスを片付けているものだから，とっさにA男のしわざだと判断してしまったのです。

　「あれは，ほんとうに苦く辛い思い出だった。修復できないままに，次の年を迎えてしまったよ。頭ごなしに叱った自分に弁解の余地はないもの。いまでも同級会にいって，A男に合わせる顔がない。子どもはいくら叱られてもいいんだ。いや多くの子どもは，叱られたことを大きな薬にして育つんだ。むしろ叱られないほどの意気地無しでは，

Ⅳ　やる気と自覚に満ちた「学級づくり」の一歩

どうしようもない。」そんなP先生の話は，T先生の大きな教訓になりました。

　「頭ごなしに叱ってはいけない。ゆっくり丁寧に状況を見極めてから，諭してやろう。教師は，叱るべき時は叱る。ほめるべき時は心底ほめる。悲しむべき時は，一緒になって悲しむ。それが大事なんだよ。」P先生のことばを反芻しながら，T先生は，教室に向かったのでした。

　私たち教師は，「生きている子ども」を相手にした仕事です。せっかく「指導」しようと思っていたことも，相手の子どもの受け止め方は千差万別です。事件や事故などのトラブルの処理は迅速にしなければなりませんが，対応はていねいにしなくてはなりません。
　あわてないことです。教師である自分の中にアクセルとブレーキを備え，踏み間違えないことです。「落ち着け，落ち着け」と言い聴かせながら，子どもと向かい合いたいものです。

V

今こそ立ち上がり，動き出すこと

　私は，ここ数年間の学校現場を行脚して見えてきたことから，「教育実践への提言」をおこがましくも，書きとめてみたいと決心しました。これまで毎年，100回以上の現場行脚の中で，善意と誠実さに満ちた学校経営，授業実践にも数々出会いました。その一方で，暗く重くなるような衝撃深い頽廃的な教育の現場も，見てきたように思います。

　希望と信念に裏打ちされた，気遣いの温かく厳しい実践は，やる気と自覚に満ちた子どもたちを育てています。反対に，なんとも無気力で無関心で，「わざとやる気を萎えさせているのではないか！」と怒りと悲しみに落ち込み，私自身が目をそむけたくなる現場も多々ありました。

　私は，ここにいくつかの教育実践への提言をしたためながら，それは同時に自分の生き方の問題を，誠実に希求する大人の育ちが問われていると，強く強く意識したのです。

　皆様方の考えを練り上げていただく，「たたき台」になれば，うれしく思います。

◆ 1 ◆

教育実践は「教師主導」です！

　研究発表会へいって研究の概要を聴いていますと，よく「子ども主導の実践」を希求して研究してきたということを耳にします。「子ども主導」ということをどのように考えているのでしょうか。
　私には大きな抵抗があります。ことわっておきますが，「子ども主体」ではありません。「子ども主導」ということが，理解に苦しむのです。

Ｖ　今こそ立ち上がり，動き出すこと

1　教師は厳然と存在する

　4月に新しい学級でスタートします。今では2年間の継続での持ち上がりは，小中学校とも，ほとんど見られないのではないでしょうか。毎年毎年クラス編成をし直すのです。それには，様々な事情が反映されています。その第一は，教師の出来不出来が，保護者からのバッシングや，子どもたちの学級崩壊への引き金になるということです。
　教育の仕事は，きわめて日常的な仕事です。そのことの積み重ねに，「今の学級の現状」「授業の質」があります。

　R教師は，毎年挑戦していることがあります。それは，黒板日記を書きつづることです。いつも勤務を終える前に，教室へいきます。そして，その日を振り返り，明日の朝，子どもたちに真っ先に読んでもらいたい，「メッセージ」を書くのです。R先生は言います。「私は，私メッセージで自分の喜怒哀楽を子どもたちに伝えます。一週間で3日くらいは，心の躍るようなうれしいこと，歓びですね。あとの二日間は，悲しいこと，時には怒りでしょうか。別に決めているわけではないですが……そんなことになります。」「子どもたちが鞄を下ろしながら，真っ先に読んでいる表情を見ることが好きです。彼らは，私が朝の会で直接話すことよりも，心にひびくようですね。」「ときには，校長先生や学年の主任の先生が書き加えてくれることもあります。それも大きなプレゼントになるようです。張り切りますね。」R先生は，黒板日記がたまらなく愛しいことでもあるかのごとく話してくれました。

　よく学級の子どもたちを「指導しすぎてはいけない」「担任が自分色に染め上げてはいけない」と言われます。はたしてそうでしょうか。

私は，担任教師や授業者としての教師が，「自分色に染め上げることに加害者意識を持つ必要は全くない！」と断言したいなと思います。悪い言い方で「教師である私の顔色をうかがって子どもたちが，行動するのですよ。これって，私の傲慢な指導の影響でしょうか……」そんな話もよく耳にします。

　決してそんな加害者意識や，罪の意識を持つ必要はないと思います。改めて言います。「教師は，その学級の責任者として，厳然として存在するのだ」「教師は自分の責任と自覚の中で，預かった子どもたちを育てあげていくのです」そんなことを，声高に叫ぶのはどうかとは思いますが，真実だと思います。

　教育実践は，「教師主導」が基本です。その教師の力，信念，熱き心が，そのまま教室の子どもたちに大きな影響を与えていくのだと思います。それができない教育現場は悲惨ですね。

2　ある学校の崩れ

　ある中学校を訪問したときのことでした。中学2年の道徳の授業を参観しました。一つの資料をもとに「思いやり」について，深めようとしていました。ところが，子どもたちはまったく授業に乗ってこないのです。いや乗らないというよりも，拒否しているような態度です。明らかに無気力な表情と，暗くて重い空気に支配された教室でした。授業は教師の説明に終始して終わりました。

　あとの協議会で，私は，今日の授業をこの学校の教師たちが，どのように見ているか，興味がありました。少なくとも，授業が成立することからは，程遠い現実を直視する空気が漂うことを願って参加しました。

　ところが，協議会での教師たちの空気はまったく違うものでした。

Ⅴ　今こそ立ち上がり，動き出すこと

「今日の資料の読み込みができないのは，子どもたちが体験不足で，幼いからだ」という発言が出てきたのです。全体の雰囲気もそれを肯定する動きでした。「私の授業でもそうだ」「国語の授業でもあらすじさえつかめない」「あの子たちは，入学のときから，まったく落ち着かずにダメなんですね」と異口同音の主張が続きました。それは明らかに，授業の成立しない理由を子どもの「幼さ」や「彼らの持つ資質」にして結論づけようとするものでした。

　私は，その場の空気がとても嫌でした。どうしても，これでこの会を終えてほしくないと思いました。「先生方は，この子たちが幼いと言ってみえますが，ほんとうに幼いからあのような授業態度になっていると思ってみえるのでしょうか」私の語気は明らかに荒くなっていったと思います。その場の多くの教師たちの表情は，なんとも不愉快な表情に変わっていきました。

　「先生方，あの子たちは幼くありませんよ。そうではなくて，学習を拒否しているのですよ。それが読み取れないですか。」私は投げやりで，口を硬くつぐんでいた子どもたちの具体的な姿を上げながら，話しました。「彼らは，あなた方を信頼していないのです。表面的な建前論的な授業など，もう信用していないのです。世の中の矛盾や教師の熱き心が，信用されていないのです」私は自分がしゃべっていながら，やや言い過ぎで過激発言になっているなと思いました。でも言わざるを得なかったのです。

　そんなことを思いながら，参加している教師の姿を見ていると，それはあの子どもたちの表情，あの子どもたちの学習参加拒否の表情と酷似しているではありませんか。驚きました。子どもたちは，その教

師たちに似るということを目の当たりにした瞬間でした。恐ろしくなりました。

3　熱き心への点火

　N教師は，今中学校で勤務しています。彼は小学校に6年間在勤して，それから中学校を希望していきました。彼が，中学校へいって，まず手掛けたことは，小学校教育の中学校板をめざすことでした。しかし，その思いは半年も持たずに，まず部活動のハンドボール部女子の指導にいき詰まることから，崩れました。彼の前任顧問は，実に実績もあって優れた成績を残していました。そのあとに彼が顧問になったのです。N教師は自分の未熟さをしっかり知っているつもりです。だから，まずは「部活動の練習を見守る」ことから始めたのです。部活動の女子は，そんなN教師の振る舞いが，気に食わない様子でした。

　「前の顧問の先生は，そんなんじゃなかった！！」「先生のやり方では試合でやる気を無くす！」「先生は，エコひいきをするから嫌だ」彼らの意見は挑発的でした。N教師は怒りを抑えて対応していったのです。そのことが，ますます子どもたちには，許せない教師の姿として映ったのです。

　N教師は悩み続けました。どうしたらいいのか思案する日々でした。彼は，「とにかくこのままでは，ゆるんだムードを払しょくすることができない。練習試合に出かけよう」と決断しました。それから，来る日も来る日も，練習試合に他校へいったのです。その中で，N教師は，自分が次第に変わってきていることに気づいたのです。それは一言でいえば，「相手校に負けて悔しい！」という自分のチームへの愛着が湧いてきたことです。それと同時に相手校の練習の様子をつ

ぶさに観察することにも力を入れました。そこには，ハンドボールの技術だけではない，人間教育も垣間見ることができました。大人のクラブチームに参加しての練習方法や，ハンドボールの技術を学び，その難しさも次第に見えてきました。

「負けて悔しい」「子どもたちにすまない」「練習，練習，練習だ！」そんな思いがわきあがってきたのでした。それから，3年間，それは無我夢中の日々になりました。毎日真っ先にコートに立ち，礼に始まって礼に終わるを基本として，汗みどろになっての日々でした。

N教師は，今になってやっと「部活動を通して，人間教育に自分も少しずつかかわることができるようになった手ごたえを感じ始めています。」部活動での子どもとの確執が，多くの学びを彼に与えてくれたのです。その確執から逃げることなく，挑んでいったN教師の闘志に火がついたのです。熱き心への点火でした。「教師が変われば，子どもは変わる」言い古されたことばが，彼には新鮮なことばになってきていました。

4 加害者としての自覚

教師は加害者であると思うべきです。いやそんな言い回しはよくないでしょう。しかし，確かに言えることは，担任教師によって，授業者によって確実に子どもたちは「変わっていく」のです。その罪意識をどれほどの自覚の中で，それぞれの教師は，持っているのでしょうか。

もちろん，私は教師を責め立てるつもりはありません。ただ，教育は「教師主導」であることを確認したいのです。「子ども主体の学級，

授業」にしても，子どもたちが無気力，無関心であることも，「教師主導」の中にあるということです。「教師の力は微々たるものだ。そんな教師万能の言い方はやめてほしい」と反発される方もいるでしょうね。「子どもは社会的な存在だ。学校や教師の影響をしのぐ勢いで，子どもは，大きなうねりの中で，存在している」ということも確かな事実です。ただ，学校の無力さ，教師の仕事のはかなさを言いつつも，やはり教師の存在感が，子どもを育てることに，プラスにもマイナスにも働くということです。

　学校の危機，教育の危機は，遠いところで鳴り響く雷鳴のようにも思えましょう。そんな私たち教師の仕事をもう一度「教師主導で教育は成り立つ」意識の覚悟をしてほしいと思うのです。

V　今こそ立ち上がり，動き出すこと

◆2◆

「学びの共同体」づくりをめざせ！

　企業の生産体制と一緒にするつもりはありませんが，「今学校の経営は，拡大再生産をしているのか，縮小再生産をしているのか」と問われると，答えに窮する気持ちがあります。
　学校の内部で健康な細胞が核分裂を起こしているか，それとも異分子が健康体を食い破り，内部から崩壊しようとしているのか，そんなことを思うのです。

1　TT教育集団を形成している学校

　私は，前々から「学校の営業は授業である」と思ってきました。営業という言い方に違和感があれば，学校の核と言い換えてもいいでしょう。いずれにしても，授業こそ学校の生命線であることには，異論はないと思います。その授業が，学校ではどのように「再生産」されているのでしょうか。

　K小学校の校長さんは，あまり校長室にいる人ではありません。学校勤務のほとんどを職員室で過ごします。さらに，教室訪問を年間100回は下らないほどする人です。「校長室にいると，独房に入っているような気分になって，どうにもいたたまれません。どうか職員室で過ごさせてください」独特な言い方で和やかさを誘いながら，職場の仲間の輪の中に入っていかれるのです。

　その学校の教務主任さんは，女性教師です。彼女は，その学校の中で一担任教師から抜擢されて教務主任になりました。「立場が変わる」ことに，居心地の悪さを感じつつも，彼女も「授業に生きる人」でした。もともと彼女の学級経営，授業経営は，群を抜いていました。何よりも子どもから，保護者から大きな信頼を寄せられていて，「M先生マジック」と呼ばれるほど，M先生の担任になると，子どもたちが燃え立つようにがんばるのです。

　校長さんとM教務主任は，学校の核に授業実践をすえることに異論はありません。そんなことで，教室訪問が始まったのです。校長や教務主任が「教室訪問」をすることは，多くの学校でも試みられていることでしょうが，なかなか根付きません。それは，担任にとって，煙たい存在の上司に自分の授業を披歴することに，大きな抵抗感があるのです。ところが，M教師の授業を創造する力量はその職場では

V　今こそ立ち上がり，動き出すこと

誰しも認めるところです。そのことが幸いして，多くの同僚から「私にも道徳の授業のやり方を教えてください」「国語を……」と声がかかったのです。

M教務主任は，何はさておいても，「教室へ」足を運びます。教務主任の事務量は膨大なものがあります。でも，彼女は，いやな顔をするどころか，喜んで教室に赴きます。そのたびに，「この教室こそ，この授業こそ私の居場所だ」と思うのでした。彼女が入っていって，TT教師のように授業の応援をするのです。そうすると，いままで眠っていたような子どもたちが，蘇生した如く動き出すのです。その噂はあっという間に広まっていきました。

校長さんは，「学級がピンチになったら，授業で困ったら，キューバの人を連れてきますね。急場しのぎです！」と言って自ら教室に出かけます。ユーモアに引き込まれるように，多くの教師たちが，校長さんがカメラをぶら下げて教室に来ることを求めるようになりました。このコンビにつられるように，教頭さんも，校務主任さんも動き出しました。その学校は，一体感のある「授業を核にして拡大再生産体制」に入っていったのです。TT教師集団による学校の活性化です。

｜2｜　管理職の立場を生かしながら

学校を退職した身から見ると，教師や学校のいろいろ危ういところが見えてきます。教育行政の混乱が拍車をかけて，学校にのしかかって，それでなくとも「教師に元気がない」「子どもが疲弊している」「親や地域からのバッシングが厳しい」と見えています。教師に自信がないし，孤独の隙間風が職場を暗く萎縮させているのですね。

T市のA中学校F校長先生の話をしましょう。彼は現場に長くいたというよりも，教育行政職に身を置いていた時間のほうが長いくら

いでした。その経験の中で「学校が壊れていく」現実を嫌というほど見せ付けられてきました。その学校に教育が機能していない現実です。F先生には，自分が新任の頃，ほんとうに面倒見のいい先輩がいました。世話焼きで，時には「うっとうしい」と思うこともありましたが，今となっては自分の体にしみこんでいる何かをたたき込んでくれたように思えます。そして「自分もそんな存在として動きたい」と強く思って現場に戻ったのでした。

　彼は学校という職場は，「組織体」として機能するよりも，「家族」のようなものでありたいと思っていました。親父や母親，姉や弟がいる職場。互いに情が通い，一喝する兄貴と慰めてくれる姉さんがいる職場。じっとこらえて責任を全うする親父。

　彼の学校は中学校としては小規模に属するほうでしょうか。それでも外面的には，「教育論文の入選，佳作が市内で頭抜けて多い」「部活動が活発」「教師が明るい」ことで評判です。もちろん生徒の育ちは，かなり高い。それはF校長自ら「論文を一緒に書く」し，部活動に参加します。四役は，それぞれ兄弟姉妹（教師たち）を分担して面倒を見るのです。若い教師たちには，この「親身になって」の絆が身にしみるのでしょう。

　明るく快活なF校長です。どこの学校にもある「いじめ」や親のクレームもあります。が，彼の内ポケットには，いつも「退職願」がしまい込まれています。F校長，はいつも覚悟の中で「潔く」経営に向かっています。

3　苦楽を共にする

　私の行脚している学校の中で，「授業のできる教師のいる学校」の最右翼は，K市のO小学校です。いや，正確にいえば「授業する力

が育っていく教師」のいる学校です。その裏方の中心が，教頭のH先生です。

　彼女は若い頃から，共働きで苦労してきました。でも教師を辞めなかったのは，「たぶん授業することが好きだったからだ」と言います。彼女の教師人生の後半は，この「授業が好き」ということを，若い教師に感化してきた歩みであったと思えます。
　彼女は理論的に授業論を語ることは苦手だと言いますが，どうしてどうして，深い深い洞察力は他を圧倒します。夕刻の迫る教室で，若い教師と一緒になって，黒板に向き合い，語り合う姿に，これっぽちも，おしつけがましいところはありません。明日の授業の展開をイメージします。それに自分の体験を重ね，あれやこれと語り合うのです。「あっ！　わかってきた！　私，なんだかできそうな気がする！」そんな若い教師の昂ぶりが，H先生をうれしがらせます。
　その一方で，出張の帰りにアイスクリームを買ってきて，職員室で仕事をしている教師たちの心を潤すことも忘れません。玄関に季節の花を飾ることを忘れません。毎朝のトイレ見回りをして，子どもの生活を気遣うことを忘れません。「かあさん先生」と慕われるほど，親からも信頼されています。「足を運ぶこと」「軽い乗りでの援助」を惜しまない。「それでも毎日毎日，これでもかといろんな難問が押し寄せてくるのですよ」「そんなとき，私は，愉しんでやることをモットーにしているのですよ。もっと来いと言って……」と快活に笑いながら応じるH先生です。

4　動くこと・具体的であること・軽やかであること

　「拡大再生産を続ける学校」に共通していることは，「よきリーダーがいる」ことです。苦楽を共にしている仲間の存在です。それはよき

同僚性と言っていいでしょうか。「そんな才能も技量も自分にはない」と言われる方もいるでしょうね。でも，諦めていいのでしょうか。逃げてしまっていいのでしょうか。

　これらの拡大再生産の学校，つまり「学びの共同体づくり」にまい進している学校は，事を難しくしていっていないことに，まずは気づきます。軽い乗りで「動くこと」に重点が置かれています。理論武装からは程遠い学校かもしれません。それでも具体的に動いています。「やれることから，足もとから，少しずつ，ちょっと無理してがんばっている」ことに，気づきます。

　先を考えるよりも，「今目の前にいる子ども」「今当面している難問」に体当たりする覚悟といさぎよさがあります。守りの実践活動ではなくて，攻めています。それも重装備で攻めるのではなくて，軽やかに，明るく実践しています。問題を先送りすることなく，「当面の実践」に力を入れて，和気あいあいとして進んでいます。

　学校の活性化を外部の輸血に求めるのではなく，内部の覚醒に求めています。それは閉鎖的であるということではありません。あくまで主導は，その学校の仲間です。そして確かな助言や道筋をときどき外部に求めます。外部で開かれている「学びの機会」を逃すことなく，貪欲です。それは誰でも手の届くような，いつでもやろうと思う気持ちさえあればできそうな，そんな実践が出発になっています。

V　今こそ立ち上がり，動き出すこと

◆ 3 ◆

温かく厳しい教師になれ！

　学校現場に吹く風が，どこか甘く，冷めているような印象を受けるのは，私だけでしょうか。子どもも教師も，無気力症候群のような「うつ状態」が漂っています。
　せわしく働いていても，なかなか成果につながらず，逆にバッシングを受けて，熱心な教師が倒れていく現実があります。私たちは，今一度「あるべき教師の姿を追い求めていきたい」と思います。

1　学ぶとは，山を登るが如し

　昭和40年代，50年代の教育実践で流行ったことは，「自主教材の開発」「自作教材の作成」だったでしょうか。懐古趣味で言うわけではありませんが，あの頃の学校現場には，「教師としての学び」に貪欲な風潮が一般的でした。民間教育団体の研修会も花盛りでした。どこの会場も熱気を帯びていて，喧々諤々の議論が飛び交ったものです。
　それが今は，そんな教師や教育団体を見出すことが困難になってきたほど，エネルギーの陥没を感じます。

　それは，「学校の荒れ」「学級崩壊」「不登校」「いじめ」の問題が，これでもか，これでもかと現場を席捲して，保護者やマスコミがそれに拍車をかけて，バッシングを教育現場に浴びせてきたのです。「無難に仕事をしていたい」という空気が流れだしたのです。教師は，孤独になり，無力感に襲われて心身症になる，あるいは休職に追い込まれて，学校現場から去っていく人も出てきました。その数は社会現象を思わせるほど，広がりと深刻さを生み出してきました。

　自信を失った学校現場や教師に，教育行政はあわてました。教師への研修が矢継ぎ早に打ち出されて，挙句の果てに免許更新制という，およそ教師のプライドもやる気もこなごなにする制度が導入されてきているのです。

　「明日の日本人を育てたい」「人間としての仲間意識に支えられた，やさしくたくましい子どもを育みたい」は，教師になった「初志」にあったはずです。そんな夢や使命感が音を立てて崩れていったのです。

Ⅴ　今こそ立ち上がり，動き出すこと

　ただ，私も学校現場を行脚していて，ある学校では，残り火のような実践を，歯をくいしばってやり続けている教師にも出会いました。気骨な信念を持って，子どもに向き合い，「温かく厳しい実践をしている教師」にも出会いました。逆風の吹く中で，けんめいに山に挑み，峠をめざす動きを，私は祈るような気持ちで応援したいと思ってきました。

　「教えることは，まずは教師の旺盛な学びの復活無くしてあり得ない」と私は思い続けています。ストレスのかかることをむしろ，心地よい負荷として，峠をめざしたいなと思うのです。

2　厳しさは，自己練磨への道で

　私の身近にE教師がいます。もう10数年前のことでしょうか。日曜日の朝，一本の電話が入りました。「もしもし，おはようございます。私は，E子という教師です。先生はたぶん私のことを存じてみえないと思います。私は先生のことを知っていて，いつも遠くの方から，先生の話を拝聴したり，実践を見させてもらってきました。不躾で，唐突にも失礼を省みず電話をかけさせていただきました。ほんとうに突然ですが，ぜひとも私の拙い授業を見ていただいて，指導を受けたいのです。どうかよろしくお願いします。」

　私は，E子先生をまったく知らないのではなくて，教育研究集会などで，前向きに発言して貪欲に学ぼうとしている教師だなと思っていました。そのE子先生からの電話でした。

　E子先生の授業は，社会科の「ごみの学習」をE子先生なりに発

掘したものでした。「ごみの学習を単なるごみ処理の学習にしたくない」というねらいをもって，その学校の校区で，一人のおばあさんが，空き缶拾いをしていることに，Ｅ子先生は，着目したのです。暇さえあれば，空き缶拾いに精を出し，自転車を引っ張って，袋に拾った空き缶を片付けるのです。その頃，その市では，空き缶を一定量集めると，図書券と引き換えてもらえる制度があったのです。そのおばあさんは，空き缶がたまると市の施設に持っていって，図書券に換えるのです。そして，その図書券で本を買って，学校に寄付することをされていたのでした。

　Ｅ子先生は，そのおばあさんの営みにたいへん感動とショックを覚えました。そのおばあさんの家を訪ね，いろんな話をさせてもらっていると，環境問題や人間としての生き方にふれていく境地に立たされている自分に気づくＥ子先生でした。「どうしてもこのおばあさんの営みに，子どもたちを出会わせたい！」と情念のような熱き思いがわきあがっていったのです。
　その後，その実践は，多くの子どもたちの心を深く揺さぶりました。

　Ｅ子先生は，短大しか出ていない自分をなんとかみがきたいと考え，４年生の通信教育を受けて大学も卒業しました。民間研究団体にも積極的に参加して，自らの実践を提言したり，論文に書いたりして，自己練磨の道を歩んでいます。
　それはまぶしいほどの輝きをもった教師の範たる営為です。そのＥ子先生は，今は草の根の会を立ち上げ，若い教師たちと新鮮な迫真の議論をして，教育実践の渦中にあります。

Ⅴ　今こそ立ち上がり，動き出すこと

3　妥協を許さないことと優しさと

　ある中学校の3年生の教室で，D先生は子どもたちに追及されていました。それは，ある男子生徒をD先生が厳しく叱ったことに端を発するものです。「D先生，あれではW君がいかにもかわいそうですよ！」「だいたい先生は，生徒を差別するというかエコひいきするというか……とにかく叱り方もほめ方も一様ではないのですよ」「みんな納得できないと腐っていますよ！」文句を言っているのは，そのクラスの中で，突出しているグループです。着崩した服装がその日に限ってよけいに目立つ感じでした。

　「そうか，おれが悪かった！　少なくとも，君たちに不公平感を与えたのは，オレの責任だ。謝る。でもなあ，少しオレにも言わせてくれ」「お前たちは病院へいったことがあるか」訴えてきた子どもたちは，怪訝な顔をしています。「オレは，病院の医者に見立てているんだ，学校の教師を」D先生は，ぐるりと子どもたちをゆっくり眺めながら切り出しました。「先生，医者と教師は違うよ。」「まあ聴け，医者のところに来る患者は，様々な症状というか，病気で苦しんでいるよな，わかるな。その患者にその医者は同じ処方をするだろうか。同じような薬を与えるだろうか。どうだろう。」言い出した子どもが「それはみんなその病気の種類によって違う」と言います。「そうだろ，学校の教育も同じような面があると，オレは思ってやってきた。つまり，君たちもそれぞれみんな一くくりにはできん。みんなみんな違うのだ。それを思うと，今この子にオレは何をしてあげることが最適か，考えるんだ。」またD先生はみんなを見渡します。「そんなことを言ったら，オレタチ病人扱いではないか！」と，檄を飛ばす子どももいます。「そうかもしれん。でも，少なくとも，みんなみんな一緒の状態

ではないことは事実だ。」

　D先生は，世の中一般に広がっている「悪平等のいけないこと」を学級全員にゆっくり語り出しました。「オレのやり方が，みんなに不公平感やエコひいきをしている雰囲気を出していたのならば，オレが悪い。謝る！　でも，どうやっていいかわからんけれど，その生徒の親身になって考え，動くことがオレの仕事だし，それを省いてしまったら，オレは教師をやっている意味がないと思うから，辞める。」D先生の真剣な語りが子どもたちの中に，突き刺さっていきました。「辞めたらいいじゃん」という奇声も「バカか，D先生は本気だぞ」の声で打ち消されていきました。

　彼らは卒業を前にして，不安定な心の揺れを見せていたのです。その気持ちに寄り添いきれなかった不手際を子どもたちに詫びながら，それでも毅然と，「オレは，その生徒の力になりたい」と言い切ったのでした。卒業の春は，そこまで来ていました。

4　鬼手仏心での祈り

　ことばは適切ではないですが，「教育は信じて賭けるギャンブルのようなもの」と私はずっと思ってきました。結果が見えにくい，結果が裏目に出ることもしばしばです。親身になって，子どもと苦楽を共にして歩んだはずですのに，奈落の底に突き落とされる屈辱感，無力感をあまりに味わう世界です。

　結果主義の生き方をする人は，即刻教育界から身を引かないと，自分があまりにみじめな気持ちになります。

　それにしても，今の学校現場や担任教師の仕事を，長いスパンで見

V　今こそ立ち上がり，動き出すこと

守ってくれる，保護者や外部の多くの人たちの少なくなったことに，心を痛めます。「低学力」が声高に叫ばれれば，「それ！　時間数を」「少人数の対応指導を」「学習指導要領の改訂を」「総合的な学習は縮小」と走ります。学力も人間教育の一部を担っていることは，否定するものではありません。しかし，それがすべてかのような「考え方」に唖然とするのは，私だけでしょうか。

私はずっと教育は「ヒト科の動物が，人間性を身に着けていく使命」を持っているのだ，と思ってきました。学力の定義もあいまいにして，「低学力」が世間一般に洗脳されることは，そら恐ろしいことだと思っています。教師たちは，子どもを育てることに懐疑的になり，焦ります。教科書を使い，知識を詰め込むことに走ります。

教育はサービスでいいのでしょうか。子どもたちには，嫌われてはならじと，媚びた教育経営を不本意にでもするようになります。それはケガ人を出してはいけないと，まるで外遊びを禁じる学校のように。情けない話ではありませんか。残念な世の中になったものです。悔しい限りです。「鬼手仏心（きしゅぶっしん）」ということばを私は大事にしてきました。子どもたちと歯をくいしばって，涙をこらえてがんばることを，大事に大事にしてきました。

もう教師個人の勇気や誠実さでは，立ってはおれない状況になりつつあります。今こそ，学校が学びの共同体になり，それぞれの我流の「勇気や誠実さ」から，「共に求める学びの共同体への志向を」願うばかりです。

◆ 4 ◆

子どもたちのやる気と自覚を高めよ！

　様々な事件が，次々と起きています。「そんな事件は昔もあったよ」と言われる有識者の人もいますね。事件の件数や殺人件数だけで判断すると，今が決して多くなっているとはいえないと。そうなのかもしれません。
　しかし，なんだか変です。いや怖い世の中，不定愁訴のような病が社会全体に広がりを見せているように思います。何の脈絡もないような，ほんとうに不可思議な事件や事故が発生しています。
　人が人間になることの危うさを思います。

V　今こそ立ち上がり，動き出すこと

1　ゴミのポイ捨てから

　国道一号線を通っていると，信号待ちすることがよくあります。その中央分離帯には，新聞，雑誌，空き缶，弁当の空箱，煙草の投げ捨て。もう雑然と捨てられたゴミの山です。目の前の車から，また投げ捨てられる光景に，自分は見なかったことにしようと言い聞かせて，気を静めるのです。「そんなことは，昔からあったことだ。まだマナーがよくなったほうだ」という友人の声。別の友人が「それよりも最近の事件の不可解さには，奇怪さを通り越して，病的な突発性を感じるよ」と。

　おまえもそう思っているんだなと，言おうと思いましたが，やめました。暗くて滅入りそうな気持ちになるからです。それでも，出会い頭のような奇怪な事件や「わからなければ，何をしてもいい」という開き直りの騒ぎに，世の中も，落ちるところまで落ちないと，立ち上がれないのかもしれないのかと，恐ろしいことを考えている自分に驚くのです。それほど，どこにメスを入れたらいいのか，見えにくい世の中になってきているのです。

　そんなとき，いつも「いまどきの教育」「戦後の教育」が取りざたされます。

　あるとき，「地域は地球，地球は地域」というコピーを目にして，ハッとさせられました。そうだよな，この今住んでいる地域は，地球なんだよなと。同じ事は，「わたしとあなた」「わたしとみんな」「みんなの中のわたし」を忘れた教育（それは家庭教育，学校教育，生涯教育を問わず）実践をしてきたツケが，今重く圧し掛かってきていると思うのです。

　戦後の社会は，それまでの日本の社会の在り方をすべて「封建的，国家的悪」にくくりつけて，葬り去ろうとしてきました。自由を謳歌

して，「自立」をめざしてきたのです。学校教育にも，「自主・自立」「自ら進んで……」「自己深化……」が，つねに錦の御旗として登場してきました。家庭教育には，少子化が拍車をかけました。

そのことは，多くの自由と人権の獲得を可能にしてきました。物質的な豊かさが，それなりに中流意識を高め，我が家の中に，こうこうと灯る明かりに，幸せを感じてきたのです。

しかし，それはどうも，大きな間違いを犯してきたようにも思えてきたのですね。人は悲しいかな，欲望のおもむくままに，動けないことに気づいてきたとき，怒涛のような孤独感と差別感，屈辱感を持つようになってきました。意欲のおもむくままに動き，やる気の実現するうちは，それなりに満たされてきました。それが押し詰まって，他人のわがままが気になり出した時，自分が見えないままに，他人を虐待することでしか，快感を得られなくなってきているのです。これは，ほんとうに由々しき事態と思わざるを得なくなってきています。

2　やる気と自覚の狭間で

私たちは，今こそ，やる気と自覚を覚醒すべく，精進しなくてはならないと思います。物質的に満たされた（いや，実際は満たされていなかったのかもしれません。満たされていたような錯覚に陥っていたのでしょうか）人々は，望みや目標を失い，ただただせわしく這いずり回る毛虫のごとく，夢中で渇望を満たすべく，動き，ざわめき，「今を誠実に生きる」ことを忘れてしまいました。隣人を愛することを忘れてしまいました。

人は互いに自分の思うようにならない世界に憤り，短絡的な判断をする境地に，はまりこんできたのです。それはきわめて主観的で偏見に満ちた絶望感の増幅です。へたり込んだ人々は，無気力でやり場のない怒りに自暴自棄になっていくといったら大げさでしょうか。

V　今こそ立ち上がり，動き出すこと

　私たちは，今こそ，「やる気」をこの身に取り戻すことが必須です。疲れ果てた体を渇望に追い込むのではなく，「今を誠実に生きる」やる気の醸成です。それは，「できる」「やれる」「わかる」人間だけが，有頂天になる世界ではありません。「やろうとする人」「がんばろうとする人」「わかろうとする人」に温かい世の中の醸成です。

　教室に展開する授業やもろもろのことが，「できる子」「やれる子」「わかる子」の天下ではなく，「やろうとする子」「がんばろうとする子」「挑戦する子」にとっての意義深い活躍の場を提供するものでありたいのです。私は，それを平凡なことばではありますが，「授業に参加することを基本とする授業実践の創造」を掲げてきました。「いくら参加してもやれなかったら，できなかったら，意味がない」ということが，覆い尽くしている教室で，まちがいをする子に温かく，挑戦する子にやさしい教室の創造こそ，教師の全精力を傾注して実践すべきことだと念じながら思うのです。

　そして，「やるべきことを，歯をくいしばってやる，やらなければならない」という自覚の喚起です。それは当然のことながら，「やりたくないから，やらない」のではなく，「やってはいけないことを，やるべきではない」という自覚への道を，研鑽することです。

3　わたしとあなたの存在に気づく

　B小学校で道徳の研究発表がありました。これまでの道徳の授業の基本は，いくつかの「道徳的な価値意識」を，子どもたちの体にしみこませていくことでした。時代の流れの中で，あるときは，その徳目は増え，あるときは絞り込まれて指導の対象にされてきました。今時の子どもたちには，「思いやり」が欠如していると言われれば，その価値意識に重点を置いての指導を繰り返したのです。そこには，子どもたちは，知り得ないから，「教えてやらないといけない。考えさせ

てやらないとダメだ」という観念があったように思います。
　B小学校の道徳へのアプローチは，これまでのいき方からは，やや戸惑いすら覚える実践理念でした。研究主題名に「あなたとわたしのいる」世界を意識の俎上に載せているのでした。私はその実践理念にたいへん共感を覚えたのです。この世の中は，まずは「あなたとわたしのいる世界」を基本にして成り立っているのです。私だけの向上心も，私だけの公共心も，それは独りよがりの戯言（ざれごと）です。私の向上心が，あなたにも意味あるものになってこそ，人間社会を形成する一員の義務であり権利であると思うのです。
　学校という小社会，教室というさらに小社会が，自己中心的なけだものの集まりでは，壊れます。自己中心的な子どもと，自己中心的な子どもがぶつかり合ったら，何が起きるのでしょうか。考えただけでも恐ろしくなります。平和に見えるこの世の中で，あちこちに，紛争やこぜりあいが渦巻いているのも，自己中心的な渇望のなせる業でしょうか。その自己中心的な紛争を，いかにして学校から排除していくか，たいへん厳しく重いテーマです。
　私たちは，授業の中で，「つけたし発言の奨励」を意味づけてきました。「誰々さんにつけたして……だと思います」「誰々さんとはちょっと違って……だと考えます」のかかわり合いに，「あなたとわたしの学び合い」の世界を重ね合わせてきました。そんな具体的な授業実践の一歩を大事にして歩んでいきたいと思うのです。

そして，エピローグ

共に歩こう　この道を

　今，改めて，この原稿を読みなおしたとき，「何と同じようなことを，繰り返し，繰り返し，呪文のようにつぶやいているものだ」とあきれます。
　しかし，そのことは裏を返せば，日常的な教育実践として，精進することが，どんなに難しいことなのかを，身にしみて感じてきた私の真実味のある声だと，受け止めてくださるとうれしく思います。

　優れた教師は，『聴き上手』だとも言えます。子どもの話に耳を傾ける教師になることです。「子どもは狡猾だから，ことばを鵜呑みにすると，とんでもない子どものことばにだまされる」と不安になる教師もいることでしょう。それでも，教師は「信用して聴くこと」です。それはもう一つの教師の演じ方としては，「うなずき上手の教師になる」ことではないでしょうか。子どもの目を見て，子どもの表情に「受容する教師のうなずき」が，素直で健気な子どもたちを育てていくのだと思います。
　さらに言えば，「教師は自分の指導姿勢の軸をぶらさない」ということです。「人間として，どんなことをしたら，自分は怒るか，どんなことを大切にしているか」きちんと子どもに語ることです。それは別の言い方をすれば，教師の「色」を明確にするということでしょうか。「私はみなさんが緑色のようなことをしたら，きちんと認めます。でも赤色のようなことをしたら，きちんと厳しく注意するでしょう」

と宣言することです。叱ったり叱らなかったり，ほめたりほめなかったり……優柔不断の態度は子どもたちの価値判断を狂わせて戸惑いを与えます。「それでは教師の顔色を見て動くことになる。教師の好みの色に染め上げることになってもいいのか」という反論というか疑念が湧くかもしれませんね。私は今こそ改めて言います。「教師の存在を中途半端なものにしてはならない。教師はやはり教え導き，支え引き出す存在である」と。

　友だち感覚の教師であるべきだという風潮がありますが，それはいかがなものでしょうか。教師と子どもとの関係は支配と服従の関係ではないのは当然です。傲慢で横柄な教師の言動は許されません。しかし，だからと言って，「同等」ではありません。「兄さん，姉さん感覚」でもありません。やはり「師弟の関係」をもう一度しっかり収めておくべきです。
　「学校は人が人間になっていくところ」という考え方を私はしています。「人間はみな尊厳ある存在だ」「それぞれの個性を大事にしながらも，世の中で生きていく自立心，社会的な存在としての自律心を育てる」「できない，やれない，わからない，ことに挑戦する『生きようとする力』を育てる」ことをもっともっと肝に銘じるべきです。単なる「学力論」にしてはなりません。

　昔は，「学校には学び舎としての厳粛さ」があったように思います。今はどうでしょうか。「子どもたちが喜んでいくこと，たのしんで通学すること」を大前提にしている風潮があります。たのしんでいく，喜んでいくことはとても重要なことで，それに文句を言うつもりはありません。ただ，どこか甘い，砂糖漬けのような生ぬるさがあるのではないでしょうか。ピリッとした緊張感が乏しいような……どこか教

そして，エピローグ

師も歯がゆさを感じながら，流されている雰囲気があります。もちろん，それで「子どもの育ち」が保障されるのなら，何の文句もありません。「若者に職場不適応が起きている」「うつ病患者が増えている」などとマスコミが騒ぎ立て，「職場が人間性を重んじる生産体制になっていないのでは……」という声も出てきています。私もそれを否定するつもりはありません。職場が，人が働きやすい改善をされることに，意義はありませんし，これからも期待されます。その一方で，青少年の育ちに，どこか甘えがあるのではないかと思うのです。

　私は，「教育現場に厳しさ」を求めたいと思うのではありません。甘くなったら，今度は厳しさというような転換ではなくて，もう少し「切磋琢磨」することに，教師も子どもも「自覚ある学び合い」を期待したいのです。学びの厳しさも一律に求めるのではなくて，いかにして「その子に即した理解ある学びの保障」ができるかです。「共感的な学習の保障」を私が主張するのも，もっともっと「学ぶことに互い（教師と子ども）に納得すること」の時と場があることです。

　教師は子どもを「許す」ことが不得手です。許すことは，甘やかすことにつながる，教師が弱気になっているように見られる……というような不安もあって，なかなか子どもたちを許すことができません。要領よく立ち回る子どもを認めてしまったり見逃してしまったりするのではないかと，落ち着きません。生意気盛りの子どもを増長させる不安があるのです。教師はよく「締める」ということばを遣います。
　でも私は「許す心得」のある教師になってほしいなと思います。そんなゆとりを持った対応のできる教師になってほしいのです。

　「許す」ことを強調するのは，学校という場が「癒し」を忘れてい

てはいけないなと思うのです。私は子どもたちに学びへの挑戦をしてほしいと思いますが，一生懸命挑んだ子どもには，たとえ結果が思わしくなくても心から，その労をねぎらって，「癒して」こそ，子どもに新たなやる気も元気も生まれてきます。

　「許す」ことは，子どもに「共感する」ことでもあります。「学びに挑む」ことで，子どもと苦楽を共にするとき，「今が一番つらいときだよな」「苦しい気持ちが伝わってくるよ。偉いぞ」の一言が，どれほど子どもの心を癒して，新たながんばりを引き出していくことかと思うのです。

　私は教師のことばにこだわっていますが，もっとこだわりたいのは，「教師の目」です。自分の目を意識する教師になってほしいです。日々の忙しい日常にそんなことを考えている暇はないかもしれません。教師は語りかける時，子どもの話を聴く時，きちんと相手の目を見てうなずいて聴き合う姿勢を意識することです。

　私は授業を参観する機会がたくさんあります。そんなとき，一番最初から意識して参観しているのは，教師は子どもの目を見ているか，子どもたちはきちんと顔をあげて授業の進みに加わっているかということです。それを私は「アイコンタクトしよう」と言います。中学校の授業を参観していて一番強く思うことは，「生徒たちが下を向いている」という事実です。数学の授業，英語の授業を含めて黒板を見ていなかったり，教師や友だちの話を聴かなかったりしていたら，やはり学習は成立しないでしょう。

　「アイコンタクト」が仲間の中でのルール化されていくことが重要

そして，エピローグ

です。「黒板を見なさい」「こちらを向きなさい」というのは，注意を喚起することばになります。「注意」では残念です。そうではなくて，「アイコンタクト」というルールにすることです。

　教師にとってもアイコンタクトは，重要なことです。そのアイコンタクトを「うなずき上手な教師になる」ということに置き換えることもできます。授業の中でも，学級活動の様々な中でも，「うなずき」に精進している教師は，どこか一味違います。「うなずき」には，その教師の真剣さ，本気さ，優しさ，厳しさ，懐の深さ，温かさがにじみ出ています。また，それがにじみ出るように「うなずきの実践学」をみがきたいなと思います。

　またまた，駄弁を繰り返している自分です。このまま書き続けて終わりそうもないので，このあたりで打ち止めにします。

　どうか子どもたちよ，保護者の皆様，そして有識者の皆様，教師への応援をくれぐれもよろしくお願いします。教師である皆様，明るく元気に「学ぶことを怠らず精進されんこと」をお祈りしながら，ペンを置きます。

前 田 勝 洋

著者紹介
前田勝洋

　豊田市内に校長として勤務し，2003年退職。大学の非常勤講師を勤める傍ら，求められて小中学校現場を『学校行脚』して，教師たちと苦楽を共にしている。

　著書
　『教師と子どもが育つ教室』『校長になられたあなたへの手紙』『教師　あらたな自分との出会い』『校長を演ずる　校長に徹する』『授業する力をきたえる』『学級づくりの力をきたえる』他，多数。

　　　　　教師の実践する力をきたえる

2009年 5 月15日　初版発行
2009年 6 月10日　 2 刷発行

　　　　　　著　者　　前　田　勝　洋
　　　　　　発行者　　武　馬　久仁裕
　　　　　　印　刷　　株式会社　一　誠　社
　　　　　　製　本　　協栄製本工業株式会社

　発　行　所　　株式会社　黎　明　書　房

〒460-0002　名古屋市中区丸の内3-6-27　EBSビル
☎052-962-3045　FAX052-951-9065　振替・00880-1-59001
〒101-0051　東京連絡所・千代田区神田神保町1-32-2
　　　　　　南部ビル302号　☎03-3268-3470

落丁本・乱丁本はお取替します。　　　　ISBN 978-4-654-01822-2
ⒸK. Maeda 2009, Printed in Japan